子どもが動き出す授業を求めて

授業は
子どもと教師で
つくるもの

加藤裕子 著

一莖書房

はじめに

　「授業の主役は子どもだ」とか「授業は子どもがつくる」とかよく耳にします。でも具体的にそれがどういうことなのか、ずっとずっと求め続けて過ごしました。

　斎藤喜博先生の著書を読むと、まさしく「授業の主役は子どもだ」「授業をつくるのは子どもだ」と納得します。でもどうしたらそのような実践になるのか。子どもたちが心底満足して、自分の持っている力・可能性を惜しみなく発揮して、生き生きと実に明るくしなやかに、そして強く追求できるようになるのかと、ずっと多摩第二土曜の会・所沢の会・実技等研究会などで学びながらあこがれ続けていました。

　教員になって13、4年を過ぎた頃、箱石泰和先生に勤務校に来校していただいて直接指導を受ける機会を、当時の校長先生が許してくださいました。その機会は私にとって貴重な学びの場となりました。その学んだ中の一つの記録を本書の最後の「6年　子どもが動き出すとき」として載せました。この一日の学びが、そしてその一日の体験後見せてくれた子どもたちの変化する姿が、その後退職するまでの教員としての私の指針となりました。

　経験を重ねていくにしたがって、手ごわい子どもたちの担任を任せられるようになりました。でも、そういう子どもたちと過ごしていると、授業こそが生徒指導なのだと強く思うようになりました。担任の私がその子どもたちが満足できるように授業を考えることで、子どもたちへのいわゆる生徒指導はいらなくなり、実に素直に自分を表現する美しい子

どもたちへと変わっていくのです。それはどの勤務校でも実感しました。裕福な環境から通ってくる子どもの多い学校でも、家庭的・経済的に大変な子どもたちの多い学校でも、教育熱心な地域の学校でも放任の家族の多い学級でも同じでした。授業こそ生徒指導なのです。

　どの子どもにも無限の可能性があり、それを発揮できる機会さえ担任である私がつくれば、子どもたちは水を得た魚のように動き出し、仲間とつながり、また自分を拓いていくのです。私はその子どもたちの変化を楽しく見守り、その変化が滞らないように観て、次の手立てを考えているのでした。そのときに観て感じていることを、「学級だより（通信）」として、発行し続けました。朝の会に読んだり、授業の初めに読んだりとクラスみんなで学習のこと、生活のことなどを確認するのです。

　本書にはその「学級だより（通信）」をたくさん載せました。とても見にくい資料を一莖書房の斎藤草子さんに多大なご尽力をいただき載せられました。感謝いたします。

2021 年 4 月

目　次

3

円と球

　この4年生と出会って1か月。よく笑いよくしゃべりよく遊びよく食べる子どもたちになった。

　4月に出会った当初のおどおどした感じはなくなってきたように感じ、ほほえましく思った。今まで底辺だと思われてきた子たちが漢字小テストで100点をとったり、授業中に発言もするようになってきたりして、表面的には4月当初にあった序列のようなものは感じなくなってきていた。この子たちは3年生一クラスで学ぶことになった。(2年生では二クラスだったのに……)

　急に人数が多くなったこともあったが、トラブルを起こさないようにときまりきまりの不自由な学校生活で、学校で一番表情の暗い、生気のない学年・3年生となっていて、校長先生もとても心配されていた。そんな子どもたちが2か月足らずで大きく変化を見せてくれていた。でも、今まで「私は頭がいい」と思い、担任からそう思わされてきた女子数名は心の中では、未だに序列を払拭できずにいるようにも感じていた。

　子どもたちの多くは自分の考えを持たずに授業に参加するようであった。そこでノートへの記録を大切にして「今、自分はどう考えているのか」を書かせるようにしたいと考えた。なぜなら今、自分の考えていることを正直に書かせることで、自分の頭で真剣に考えるようにならざるを得ないからだ。そうすることで、一人ひとりが自分発見をするようになり、自分を表現することが当たり前になれば、ますます明るく生き生

きするのではないか、と考えたからである。そこで本単元「円と球」からノートに、分かったこと、考えていることなど、自分の頭の中をそのまま書き表すことに取り組みたいと考えた。

　「円と球」については、3年生で一度学習してきているので、4年生では簡単に復習をして終えようと考えていた。ただ、円の定義を理解できているかどうかのみをきちんと見ようと授業に臨んだ（移行措置の関係で）。単元のめあてを下記のように決めた。

円＝中心から等距離にある点が移動してできた形
　　　　　　　即ち
コンパスは円を書く道具ではなく等距離を移すのに便利な道具

　この授業は単元1時間目で、棚から牡丹餅のようなものであった。
　なぜなら、この授業の目標を「中心、半径、直径などの用語についてはすぐに確認してコンパスを使って円で模様を書いて遊ばせよう」とTTの蝶野先生と考えて教室に向かった授業だったからだ。蝶野先生がフリーハンドで黒板に大きな〇を書いて、授業は始まった。さすがベテラン！　円のような〇だった。が、私は「えっ、フリーハンドで書くの」っと戸惑った。この〇で中心や半径を確認しても目標にしていることを教え込むようになるのではないか、頭だけでの理解になってしまうのではないかと直感的に思い、子どもたちに「これは円？」と、尋ねてしまった。すると、子どもたちは当然という顔で「円」と答えた。「本当に円？」と再度聞いたが、「うん、円」と、自信たっぷりで答えた。それでは、と、「これ、まん丸？」と聞いてみた。すると、「まん丸じゃなーい」と大勢の子が言うのだ。この子たち、円という形のこと、分かってないんじゃ

ないの、これは面白いぞと思い、授業の方向を変えることにしたという
経緯で始まった授業だったからだ。TT の蝶野先生もすぐに阿吽の呼吸
で同意してくださった。

円だ　　34 人	円ではない　4 人
まん丸だ　7 人	まん丸ではない　　31 人

　という具合だった。「さあ、どうしてそう思うのか考えを言い合おう」
ということで授業が始まった。残っていた時間は 20 分ほど。
　出て来た意見は「ゆがんでいては円ではない」とか、「ちょっとくら
いゆがんでいても円と言える、でもまん丸と言ったらまん丸なんだから
ゆがんではいけない」などと、自分の持っている感覚的なことの出し合
いになった。何人かの頭の良いとされている子たちがバラバラと「先生、
円じゃないに変わりたいのだけれど」と、言いに来た。私は「そう変わ
りたいの。でも、一度こっちって決めたんだから、変わるにはみんなの
前で理由を言ってからだね」と、応えておいて、すぐに「いいよ」とは
言わないこととした。

　さあて、続きの授業。
　もう一度、人数確認から　　まん丸ではない→全員
　　　　　　　　　　　　　　円だ→ 16 人　　円ではない→ 22 人

「えっ、円ではないが 4 人から 22 人に増えちゃった。ちゃんと理由言
ってもらおうね」

Y 菜　円はまん丸は円ってこと。まん丸＝円で、ぐにゃぐにゃした線の

　　　丸とか、欠けている丸とか、長丸とかは円ではなくて、ただの丸って言うと思う。だから、円ではないに変わりたいの。

子たち　同じでーす。

加藤　同じですはダメ。同じってことは、そんなにないことだもの。自分の考えをきちんと話さなくちゃ。同じそうだけど、話してみたら違うことってあるよ。

M沙　まん丸とか円とかいうのはコンパスで描いた円のことだと思うから、円ではないに変わります。少しでもゆがんでいたらだめだから。

S　円っていうのはちゃんとしたまん丸というか、例えば半径が３センチだったら直径が６センチとかいうふうになっているのがまん丸とか円なの。（出た出たと思いました）

E加　半径足す半径は直径。

T光　直径の半分が半径。

T　２個あれば直径になる。

Y弥　まん丸と円はいっしょだと思う。だって円はゆがんじゃいけないから、まん丸もゆがんじゃいけないから。

K仁　したらさ、手をつないで円を作りましょうとかいう時、ゆがんでるじゃない。あれ変じゃない。

子たち　そうだねえ。

R祐　円になってくださいって言わない？

加藤　ゆがんでいたら円ではないと言うなら、手をつないで円になってくださいという言い方、日本語まちがっているんじゃない？　って言うのね。

T光　けど、輪になってくださいならいい。

蝶野先生　日本語って面白いね。

Y弥　輪は長丸でも輪って言うよ。

T　　みんなで広げよう友達の輪。つながっているってことだよ。

R祐　でもさ、そういうこと言う時、あんまり詳しく考えて言う訳じゃ
　　　ないから、あんまり考えない方がいい。

E加　そう、そう、適当に。

M佳　正方形は縦が1センチ伸びたら、横も1センチ伸ばせば正方形の
　　　ままになるように、円もこっちが1センチ伸びたら、こっちも1
　　　センチ伸ばせば、ゆがまなくなる。円はなんかきまりにきちんと
　　　あてはまんないといけないような気がしてきました。

加藤　1ミリの半分でもゆがんだら円じゃないのね。(うん)

子　　正方形はずれてはいけないかもしれないけど、円は少しぐらいず
　　　れても良いんじゃないかな。

S華　正方形もずれてはいけないっていうきまりはないけれど、横が1
　　　ミリ伸びたら縦も1ミリ伸ばして、ってやっていかないと正方形
　　　じゃなくなっちゃう。円も1センチ左の方を伸ばしたら右の方も
　　　1センチ伸ばさなくては円でなくなっちゃう。

加藤　S華ちゃん、何を1センチ伸ばすの?

S華　円の長さ。

加藤　意見を言っている人を見るとみんないいよ。今、S華ちゃんの手、
　　　すごくいろんなことを語ってた。先生と蝶野先生は見てたけど、
　　　今からS華ちゃんが手で書いていたのを黒板に書いてみるよ。
　　　(説明しながら右図を書く)

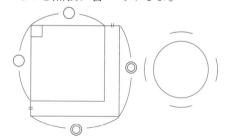

加藤　円の何を伸ばすの?

子　　円の線。

T　　　円の半径。

加藤　円の半径を大きくしてるの?

T光　直径の長さ？　輪の大きさ？　え……？

加藤　話せなかったら、この図を指さしてみたら。

T光　（円の周りを指さしながら）この円がこう大きくなったら、こっちも伸びる。

　　　円の直径が伸びるってこと。（はっきりと）

T　　円の直径だ！

R祐　正方形と同じで、こっちが1センチ大きくなったら、こっちも1センチ大きくするんじゃない。

加藤　あーここの半径を1センチ伸ばしたら、こっちの半径も1センチ伸ばす、ここの半径も……すると円になるね。じゃあ、円って何？

K仁　まん丸。

加藤　まん丸だね。でもさ、お月様見て"あ！　まん丸お月様だぁ"って言うけれど、あれ本当にまん丸かい？

子たち　えっ、それはさ……。遠いからさ……。あれはまん丸に見えているだけで……。

K仁　本当はちょっとゆがんでるかもしれない。

子　　もしかすると、まん丸じゃないかもしれないよ。

　　　そうだよ、月はまん丸じゃないんだよ。

加藤　え、じゃあ、円って何？

E加　（黒板に出て来て、フリーハンドでTTが書いた円を指さしながら、この表現も厳密にはおかしいのだけれど）これがコンパスで書いた円だとしたら、ここに中心があるでしょ。それで、この中心からはじっこまで全部同じ長さなのが、円ってこと。

子（2、3名）　ああー。

加藤　ここの中心からこことここも同じだし、ここも同じだし、ここも同じだし、あれ、これ何本ひけるの？

Y貴　360本くらい。

加藤　360本もひけるの？　360本しかひけないの？

子　えーもっとひけるんじゃないの。詰めていけばもっともっとひけるんじゃないの？　いっぱいいっぱい……。

子　でも、くっついちゃったらひいたって言えなくなっちゃうから……いっぱいいっぱいだけど……いっぱいだね。

加藤　で、円というのは……。

T光　棒のかたまり？

T一　棒を何本も丸くつなげていくと円になっちゃう。

加藤　えーその棒って何？

子　ハイ、ハイ、ハイハイ……。

Y紀　半径が……半径が……こう……（口々に説明する声も聞こえてくる）

Y希　半径の長さが同じ……。（口々に説明していて、圧倒される感じ、子たち同士で確かめている様子）（K仁くんを指で指すと、シーンとなる）

K仁　どこにひいても、どこにひいても同じ長さになっている。

加藤　半径ってどこからひくの？

子　中心。

K仁　中心からどこに半径をひいても同じ長さになっている。

加藤　半径の長さがどこも同じになっているのが？

子たち　（口々に）円！　円！

加藤　だから、この形は（黒板の○を指して）円じゃ

子たち　なーい。

加藤　先生が手でさーって書いたから。

子たち　円じゃなーい。

4年　円と球

子　　円ではない。

子　　1ミリの半分でもゆがんでいたら円じゃない。（口々に）そうそう！

加藤　もう一回教えて、円ってどういうもの？

Y弥　ゆがんでなくて、角もなくて、どこも同じ長さのきれいな丸。

加藤　その、きれいな丸っていうのを算数語で言うとどうなるの？

Y　　まん丸。

加藤　そう、そのまん丸っていうのを算数の言葉を使って言うと、どうなるの？　お月様はまん丸じゃないかもしれないから。まん丸って算数語じゃないんだよ。

子　　円が算数語。

加藤　円ってどんな形？

K鈴　円はまん丸と違って、まん丸は半径がどこをひいても同じじゃないのもまん丸って言うこともあるけど、でも、円は半径をどこにひいても同じ長さになってる。

子たち　半径がどこも同じ。

加藤　円っていうのは絶対どこの半径も同じ長さなんだね。見た目でまん丸でも、きちんと半径を調べてみて、みんな同じになってなくちゃだめなんだよ。まん丸のお月様は半径が違うところがあるかもしれないわけ。でもまん丸って言うんだね。でも、算数でいう円っていうのは、半径はどこも（子たち：同じ）同じなのね。

T光　まん丸の満月って、じゃ、月としか言えないのかな？

加藤　蝶野先生は空のこと、すごく詳しんだよ。聞いてみようか。

蝶野先生　月ってちょっとゆがんでいるんですけど、ほら、日本語って、さっきの円になろうみたいに、円みたいに見えたんじゃないかしら。だから、満月、まん丸お月様って言ったんだね。遠くだから

見えたんだね。（確かに）遠ーくだから、きれいな円に見えたん
だと思うの。だけど、この頃は詳しく見える望遠鏡とかで見ると、
お山があったり、クレーターがあったり、凸凹しているのが見え
るのね。でも、昔の人たちは満月、円って思ったんじゃないかしら。

加藤　まん丸という日本語には少しゆがんだ円も入るんだね。でも、算
　　　数の円はゆがんではいけないんだね。

Y希　10円玉みたいに丸いから円。

子たち　100円、1円……ほんと、みんな円。

加藤　さあ、それじゃ、コンパスで円を書いてみよう。

　こうして、まん丸は円とは言えないこともある。円ってどういうもの
なのかという算数としての概念が子どもたち一人ひとりに入ったのでは
ないかなーと、思った。子どもたちが思っていることを言い、それを私
たちが交通整理して新しい知識を獲得していく。こういう、自分たちで
力を合わせて学習を進めていくことを積み重ねて、ますます明るく本当
の仲良しになっていってほしいと思った。

　そして、分かったことをノートに書いてもらった。（資料15、16頁）

　次の授業で円をもう一度書いた。M佳さんが、「先生、ゆがみ何ミリ
までいいの」と、コンパスを動かしながら尋ねた。すると「ゆがんじゃ
ダメでしょ」「ま、1ミリの半分ぐらいならね」と、子どもたちが言い
合うのだ。実際に確かめてみると、本当に丁寧にゆがみなく全員が書い
ている。コンパスのねじがゆるくなって書きにくくなっていると、職員
室に行ってねじ回しを借りて来たり、校長先生に直してもらったりと、
慎重に書こうという意識いっぱいだった。私が黒板に円を書くと、教師
用のコンパスのねじもすごくゆるくなっていて、きちんと書き初めと書
き終わりの線がピタッと合ってくれなかった。すると、「これは円では

ありません。みなさんそうですね」と、E加さんがうれしそうに言うの
だ。みんなニコニコ顔。
　この後の授業での長さ比べもスムーズに進んだ。コンパスは同じ長さ
をうつす物というメロディ付きの合言葉もできた。

YO　　コンパスは円を書くものだと思っていたけど、長さ比べもできる
　　　ことが分かった。
T　　　コンパスはもともと長さをうつす物だけど、くるりと回すと、当
　　　然円になることが不思議です。

　子どもたちのノートを見て、まだ真面目なノートという感じで、もっ
とノートにその子自身が出て来るといいなと思った。そして、理科の「電
流のはたらき」と社会科の「水が送られてくる道すじ」で、その子自身
が出て来るノートに挑戦しようと考えた。
　1学期の内に自分のことをみんなの前で出すことが平気、みんなどん
な友達も受け入れられる、そして少しでも分からないこと、納得できな
いことにはこだわれる子たちになってほしいと思った。そして納得でき
たら心底それを受け入れる、そういう子どもたちになってほしいと思っ
た。

　4月の懇談会で私はお母さん方にこんなことを言った。
　「4年生ってもっともっと意見のぶつかり合いがあってもいい年です
よね。うちのクラスは仲良しで、これは理想です。でも上辺だけの仲良
しを私は求めたくないんですね。友達と意見が違ったら、どうして？
と聞いてみる勇気がほしいです。そして4年生はきっと上手く説明でき
ないことが多いでしょうから、手が出ちゃうかもしれない。取っ組み合

いになるかもしれない。取っ組み合いをしても私はいいと思っています。昔はよく取っ組み合いをしていました。だから仲が悪かったかというと、そんなことは決してなかった。今よりずっと分かり合っていることも多かったように思います。その時、お母さんが必要以上に心配しないこと。何かあったら私が連絡しますから、連絡がなかったら子どもたち同士で解決できているってことで。そのことで、お家でまた不満などをお母さん方に話したら教えてください。お母さん方は子どものことだ、お互い様って思えることが大切だと思いますよ。学校って何をしてもいいところって子どもたちには話しています。命に関わること、人の心を傷つけることはしないこと、そしてここは学校だから学校のきまりを守ること、これらから外れていなければ学校は何をしてもいいところだと言っています。……」もっと色々なことを話したが……。

すると、お母さん方は、子育てでつかえていたものがサーっと流れていったような気がしましたとか、なんか安心しましたとか言って帰ってくださったり、翌日連絡帳で書いてきてくださったりしたのだった。

4月当初の暗く、表情がなく、グループでこそこそと生活していたこの子たちは、5月終わり、取っ組み合いもなく、よく食べ、よく掃除もし、よく話し、よく笑い、クラス38名が一人でも欠けると、どうしたの、どうしたのか見てくるよ、待ってるよ、助けるよ、助け返すよなどの関係が成り立ってきていて、担任の私は毎日幸せを感じて生活していた。

4年生は5、6年生に比べて柔軟だ。私の要求していることが分かると5、6年生よりよっぽど短時間に変身する。私はもっともっと先を見ていかねばと思っていた。

（資料学級だより）

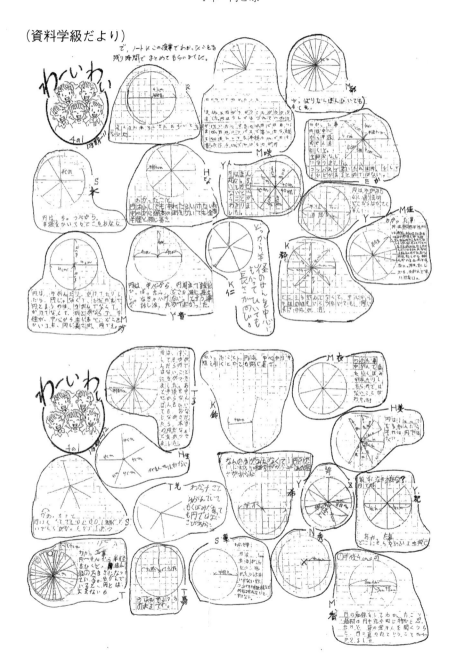

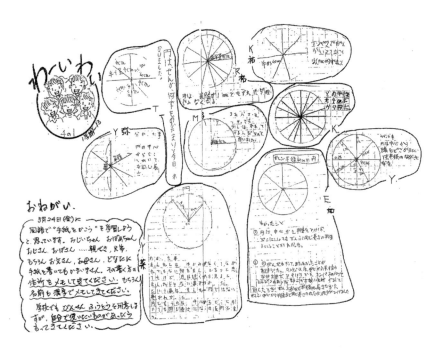

かさの表し方を考えよう

　算数の「体積」の授業です。塾やチャレンジや……などで、すでに「体積」って知っている子も多いようでしたが、どうして公式が成り立つのかをしっかり考え合いたいと思い、授業しました。

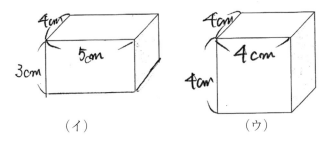

（イ）　　　　　　　　（ウ）

| （イ）と（ウ）でかさの大きいのはどちらでしょう。 |

　まず、一人ひとりが自分で考えて、一人ひとりのノートに自分の考えを書きました。授業後、ノートを集めて、一人ひとりの考えを見ました。考え方ごとに整理してみると……。

①それぞれの面の面積で比べる……T幸、I郎、K、K太、N美、T貴、H、
　M紀、A果
②高さで比べる　　　　　　……S佑
③展開図で重ねて比べる　　……Y真、T幸
④砂をそれぞれに入れて比べる（量・重さ）……G、T哉、KI、R、M歩、
　K希

⑤（ウ）に（イ）を入れて比べる……Y大、K夏（立体付き）

⑥（イ）の高さを4cmにして比べる……K平

⑦ 1㎠のブロックを入れて数える……H斗、T己、S、C里、N央、Y生、SU

⑧ 1㎠のブロックを1段目に入れて1段目の数に段数をかける……M香、Y香、H昂、H

⑨底面積×段……Y奈、K也

⑩公式を予想する……K平、M香、A、K輔

となりました。下線を引いてある子に発表してもらうことにしました。（子どもたちのノート記録を読みながら読み進めてください）

　まず発表したのはM紀さん。M紀さんのいいところは入れ物に入る量がかさなのに、面積で比べられるのかな？　って書いてあるところが最高にいいところです。自分の心のつぶやきやひらめきなどを、そのままメモしておくことはすごく大切だと思います。

　そして次に発表したのが、S佑くん。「かさ」っていうのは、中に入

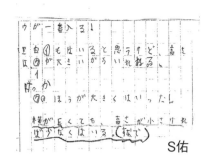

る量だから横が長くなっても、やっぱり高さが小さくなれば、少なくなるのではないか、と予想しました。

　3番手は展開図を重ねて、その差で比べれば「かさ」も比べられるのではないかって、考えたY真くん。M紀さんと同じように面積で考えようとしたのです。

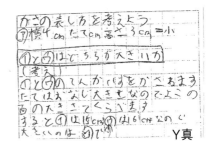

　すると教室の中は「かさ」って入れ物の中に入る量なんでしょ？……箱の中になんか入れればいいじゃないの？　と考えていたグループが、待っていました！　って感じで、出て来ました。私の予定では、砂の入る量で比べる代表としてK希くんとRさん、重さで比べる代表としてM歩さんを予定していたのです。しかし「砂を入れて比べるというグループ」と私が言うと、Rさん、Y香さん、M歩さんが出て来て、重さで比

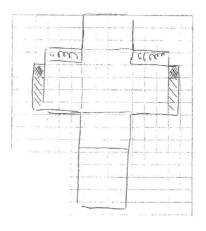

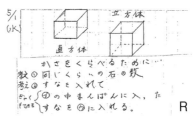

べる考え方を発表しました。これがまたすごいんです。なにがすごいって発表原稿を作っているのもすごいんですが、紙で作った立体の重さをきちんと引いて砂だけの重さを出して考えているところがすごいと思い

ました。

　Rさんの予想のいいところは、初め
は考え①で同じくらいの石の数……と
考えたところです。この考え方が1㎤
という基になるブロックを考え出した
大昔の人の考え方と同じだからです。

　もう1つ砂グループのすごいところ
は、重さで比べることを言う女の子グ
ループの次に量で比べるというK希
くんKIくんが発表するというよう
に、自分たちで発表の段取りをして
いるところです。

　もう自分たちで授業を進められる
ようになっていました。そういうわけ
でKIくん、K希くんが発表しました。

　その次に、直方体の中に立方体を入
れて考えるY大くんとK夏さんが発
表しました。これは、直方体と立方体
の大きさの違いがはっきり見えて、す
ごーいという空気が教室中に広がりま
した。特にK夏さんは、違いがはっ
きり見えるように直方体を切って、立
方体の中に移せるような模型を実際に
作ってきていましたので、すごくすご
くよく分かりました。

　そして、Y大くんとK夏さんが考

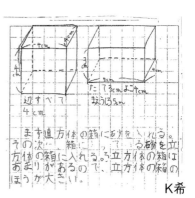

K希

Y大

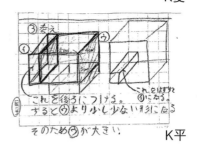

K夏

K平

えたことを実際にノートに書いて、説明し始めたのが、K平くんです。これまたすごく分かりやすくて、（ウ）の方が大きいことが分かりました。

　次に発表したのが、「かさ」を比べるのに、何かもっと分かりやすいものを入れたいと考えて、1cm³のブロックを入れて数えたグループの代表、H斗くんとY生くんです。二人の違いは、H斗くんは単純に数えて比べました。Y生くんは下に敷き詰めた数×高さをして比べました。

　M香さんも1段目の数×高さという表現で比べていました。

　そしてだんだん公式に近い考え方が出て来ました。Y奈さんとK也くんです。ただ、K也くんは周りの長さという言い方で発表したので、誤解されそうになりました。そして誤解されそうなところを

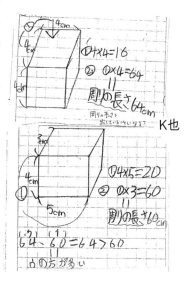

21

はっきりさせようと色々話し合って
いくうちに、辺の長さを使えば何と
かなりそうだということが、多くの
子にひらめいてきたのだと思います。

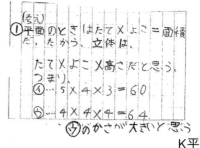

K平

　最後にK平くんの平面（面積）
の時は、たて×横だったから立体は
たて×横×高さになるんじゃないか
なって予想したという発表がありました。みんな、それでいい‼

　この体積の学習の1時間目、5の2のどの子もがノートに自分の考え
を書いていました。そしてそれを交流して、全体で確かめるころに面積
ではだめだなとか、1cm²のブロックは便利だなとか、どの子もが感じて
この全体の学習の時間となっていました。子どもってすごいです。教師
は交通整理をすれば新しい知識を自分たちで導いていくことができるの
です。

　それで、授業の最後にHさんとY香さんの×（バツ）のついたノー
トを紹介しました。

　「算数っていろいろ考えて、途中で『これじゃ、ダメだ』ってひらめ
く時ってたくさんあると思います。それを消しゴムで消すのではなく、
×（バツ）して消すことがすごく大切だと思います。×（バツ）を付け
ることで、ダメだと気付いたところが残って、考えを深めることができ
るからです。×を付けるのは勇気がいるけど、ノートが汚くなるように
思えるかもしれないけど、2人のノートは少しも汚くない。×を有効的
に使えるようになるといいと思います」

　と、話しました。

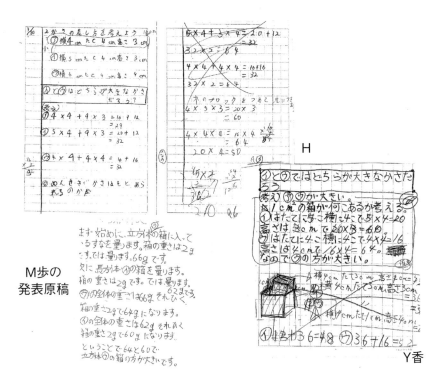

**M歩の
発表原稿**

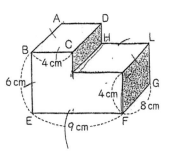

Y香

複合立体の体積

直方体や立方体の体積は簡単に出せるようになったので、右図のような凹凸立体の体積を求めることに挑戦しました。

考え方はなんと８通り出ました。驚き！（何通りも考えられている子がいっぱいいました）

考え方

①縦切り……Ｈ昂、Ｋ太、Ｉ郎、Ｍ香、Ｋ幸、Ｇ、Ａ、Ｔ哉、Ｙ真、Ｈ斗、

　N央、S、Y菜、M紀、U、R、T貴

②横切り……A果、T哉、K太、S佑、S、K、R、M歩、G、M紀、Y大、
　N央、Y奈

③ぱっこん（へっこんでいる所をあることにして、後で引く考え＝5の
　2のみんなが名づけました）……K夏、Y真、D昂、I郎、T哉、K幸、
　M歩、Y生、SU、K大、R、Y香、K輔、C里、K平、Y大、Y奈

④横つなぎ……K、K輔、Y香、K幸、M紀、K平、D昂

⑤積み上げ……A、K平、KI

⑥面積×高さ……H、Y生

⑦3つ切り……H、N美、R

⑧1㎤ずつに分ける……K希

　この授業では、考え方を表すときに、まず－次に－最後に－などとい
う言葉を使うと分かりやすいということも話しました。言われたばかり
なのに多くの子がうまく使って説明文を書いていました。子どもって柔
軟です。いいと思ったことはすぐに取り入れることができるのです。

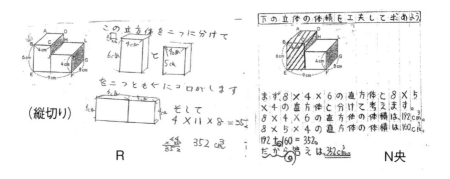

（横切り）　　　　S

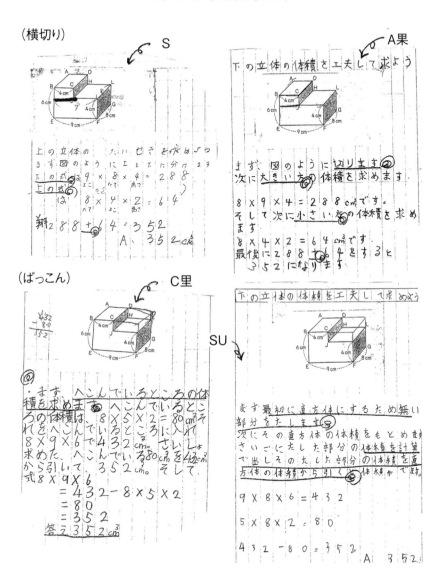

A果

下の立体の体積を工夫して求よう

上の立体の　　に　せきを求める
ます図のように上とたに分けて
下の式は9×8×4＝288
　　　たて　　　よこ　　　たて　　　高さ
上の式
は8×4×2＝614
　　たて　よこ　高さ

翔288＋64＝352
　　　　　A　352cm

まず図のように切ります
次に大きい方の体積を求めます

8×9×4＝288cm³です。
そして次に小さい方の体積を求め
ます。
8×4×2＝64cm³です
最後に288＋64をすると
352になります

（ぱっこん）　　　C里

SU

下の立体の体積を工夫して求めよう

432
　80
352

◎まずへこんでいるところの体
積を求めますへこんでいるとこ
ろの体積は8×5×2＝80cm³そ
れを入れる9×6ではいる4んで
8×9×6でへいる80cm³を42cm³
求めた、へこん3　52cm　そして
から引いて
式8×9×6
　＝432－8×5×2
　＝80
　＝352
　答え352cm³

まず最初に直方体にするため無い
部分をたします
次にその直方体の体積をもとめます
さいごにたした部分の体積を計算
で出しそのたした部分の体積を直
方体の体積から引く体積がです。

9×8×6＝432

5×8×2＝80

432－80＝352
　　　　　A　352

25

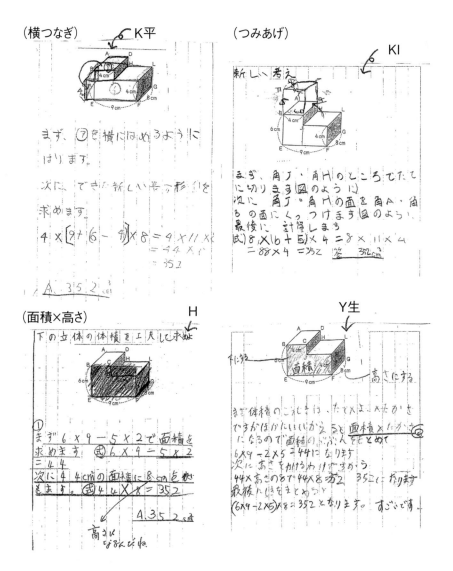

（横つなぎ）　　K平

まず、㋐を横にはめるようにはります。

次に、できた新しい長方形①を求めます。

4×[9+6-4]×8 ＝ 4×11×8
　　　　　　　　　　＝ 44×8
　　　　　　　　　　＝ 352

A. 352cm³

（つみあげ）　　KI

新しい考え

まず、角J・角Hのところでたてに切ります(図のように)
次に、角J・角Hの面を角A・角Bの面にくっつけます(図のよう)
最後に、計算します
式) 8×(6+5)×4 ＝ 8×11×4
　　　　　　　　　＝ 88×4 ＝ 352　答　352cm³

（面積×高さ）　　H

下の立体の体積を工夫して求める

① まず 6×9-5×2で面積を求めます 式) 6×9-5×2
　　　　　　　　　　　　＝ 44
次に 4 4cm²の面積に 8cmをかけます。 式) 44×8 ＝ 352

A 352cm³

高さに
なるんだね

Y生

下に分る
面積
高さにする

まず体積のこれまで、たて×よこ×たかさですがほかにいいかえると 面積×たかさになるので面積のぶんをもとめて
6×9-2×5 ＝ 44になります
次に あきをかけるけどあう
44×高さの8で44×8方 352になります
最後に1をまとめると
(6×9-2×5)×8 ＝ 352となります。 すごいです。

26

5年　かさの表し方を考えよう

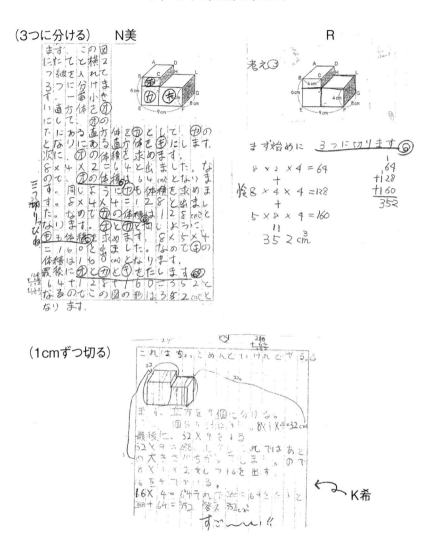

（3つに分ける）　　N美　　　　　　　　　　R

（1cmずつ切る）

K希

　このように自分の考えを分かり安く表せるように、この単元で子ども
たちは成長したのです。

27

6年　分数のわり算

（この授業は研究授業として6年生2クラスで取り組んだものです。）

1、目標

○分数のわり算の計算の意味とその計算の仕方について理解し、それを用いる能力を伸ばす。

①分数のわり算の計算の仕方を分数の性質や既習の計算と関連づけて考える。

②分数のわり算の計算ができる。

○一人ひとりが考え、友達と交流して考えを深め、新しい知識を確実なものにしていくという授業の進め方（教師が前面に出ずに子どもたちだけで知識を獲得していく授業）をさらに推し進める。

2、指導案　（1, 2/9　2時間分）

分数のわり算（1・2/9）

（1）目標

○分数のわり算の式の意味を考え、計算の仕方を既習事項をもとに自力で考える。

○一つの考え方だけでなく多様な方法を模索し、友達とも交流して考えを深める。

(2) 展開 (1/9)

主な学習活動	指導上の留意点(◎はテーマに関わる事項　☆は評価)
1　問題を知る。	**教師が寸劇を行い児童のイメージ作りの手助けをする。(◎)**

> 1ℓの液体肥料を鳥山先生は$2\frac{2}{3}$㎡の畑に平均にまきました。1㎡あたり何ℓの肥料がまけますか？

2　立式する。 $1 \div 2\frac{2}{3}$	・問題を読み、立式する。 T1　どんな式が立てられるでしょう。ノートに書いてみましょう。 T2　机間指導して困っている子にアドバイスをする。
C1「何算を使うのかな」	「たし算かな、ひき算かな、かけ算かな、わり算かな？」 「言葉の式を思い出してごらん」
C2「1㎡あたりを出すんだからわり算かな」 C1「1㎡あたりどれだけかを求めるからわり算になる」	「2㎡だとどうかな？」 ・一人ひとりの考え方を聞き出しながら、机間指導する。 T1　どうしてこの式が立てられるのかな。 言葉の式カード
C2「1㎡あたり何ℓかだからℓを㎡でわる」 C3　分数になっても同じ。	全体の量 ÷ いくつ分 = 1あたりの量 ・意味理解が十分でないままに、計算の仕方を学習することのないように、立式の根拠を明確にする。(◎・☆)

3　計算の仕方を考える。	T1　「では、この式の計算の仕方を考えてみましょう。まずは自分の考えをノートに書いてみましょう」（◎）

C1：色紙の液体肥料を使って考える子

C2：図を書いて考える子

$2\frac{2}{3}$ ㎡に 1ℓ をまくと

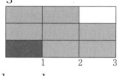 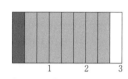

$\frac{1}{3}$ ㎡に $\frac{1}{8}$ ℓ　　　　$\frac{1}{3}$ ㎡に $\frac{1}{8}$ ℓ

（$\frac{1}{3}$ ㎡に $\frac{1}{8}$ ℓ だけでなく $\frac{1}{9}$ ㎡に $\frac{1}{12}$ ℓ や $\frac{1}{9}$ ㎡に $\frac{1}{24}$ ℓ と考える児童もいるだろう。）

C3：数直線で考える子

0　$\frac{1}{8}$　　　□　　　　　　　　1　ℓ

0　$\frac{1}{3}$　　1　　　2　　$2\frac{2}{3}$ ㎡

C4：式の操作で考える子

$$1 \div 2\frac{2}{3} = 1 \div 8 \times 3$$
$$= \frac{1}{8} \times 3$$
$$= \frac{1 \times 3}{8}$$
$$= 1 \times \frac{3}{8}$$

$$1 \div 2\frac{2}{3} = 1 \div \frac{8}{3}$$
$$= (1 \times \frac{3}{8}) \div (\frac{8}{3} \times \frac{3}{8})$$
$$= 1 \times \frac{3}{8} \div 1$$
$$= 1 \times \frac{3}{8}$$

$$1 \div 2\frac{2}{3} = 1 \div \frac{8}{3}$$
$$= (1 \times 3) \div (\frac{8}{3} \times 3)$$
$$= 1 \times 3 \div 8$$
$$= \frac{1 \times 3}{8}$$
$$= 1 \times \frac{3}{8}$$

$$1 \div 2\frac{2}{3} = 1 \div 8 \times 3$$
$$= 1 \times \frac{1}{8} \times 3$$
$$= 1 \times \frac{3}{8}$$

	T1T2　一人ひとりの考えをじっくり聞いて、認めたり、励ましたり、支援したりする。 ・既習の学習事項などを使って、様々な計算の仕方を考えさせ、一人ひとりが自分の考えを持てるようにする（☆）

展開（2/9）

主な学習活動	指導上の留意点（◎はテーマに関わる事項　☆は評価）
1　多様な考えを持つ。 （友達と交流する） C1「色紙で考えたら3/8になったんだけど、数直線ではどうなるのかな？」 C2「色紙で考えようと思うのだけれどまき方がわからないなあ。考え方を教えて！」 C3「そうかあ。分かったよ。他のやり方も考えてみよう」 C4「〇〇くんの説明は分かりやすいよ」	前時の児童のノートから子どもたちの考え方を把握し、考え方ごとに分類しておく。（◎） T1「一つの考え方で商が求められたら、別のやり方も考えて確かめてみよう」 ・考えを持てた子を把握し、考えあぐねている子と交流して、考えを持てるようにする。また、自信のない子には同じような考えを持っている子と交流させて、自分の考えを明確にさせる。（◎・☆）

31

2　考えを発表しよう。	T1　スクリーンを見て、○○さんの考え方を
C1:色紙を使っての考え方を発表する	聞いてみましょう。
	T2　プロジェクターを用意してノートを映し出す。
C2「どうして1を8つにわるのかもう一度説明してください」	T1　質問ありますか。付け足しはありますか。
	・発言がなければ同じ考えの児童に考え方を発表させる。
C3「1㎡あたりだからその$\frac{1}{8}$が3つぶんで1㎡が出るから、$\frac{3}{8}$になるわけだな」	T1「他の考え方の人、手を挙げてください。今、手を挙げている人が、別のやり方を考えているのだそうです。やり方を聞きに行って、一人でたくさんのやり方を考えてみましょう」
C4「数直線で考えました」	T2「数直線の考え方の人を見てください」
C5「数直線の方がわかりやすい」	
C6「分母と分子を入れ替えてかければ答が出ます」	・児童のノートや考え方によっては式の操作について発表、説明させる。
C7「えー。他の問題で確かめてみよう」	

3　まとめをする。	T1「多くの考え方があることが分かりましたね。次はほかの考え方を聞いて、式の計算の仕方のきまりを見つけましょう」 自分の考えを持って計算の仕方を考えることができたか。また、友達と意見交流をすることで、考えを明確にしたり広げたりできたか。（☆）

6　備考

在籍児童数　1組：男児10名　女児12名　計22名

2組：男児9名　女児12名　計21名

3、授業の実際

〈1時間目〉

　隣のクラスの担任とお互いにTTの体制をとって、導入の2時間を授業することにしましたので、TTとしてうちのクラスに来てくださった鳥山先生の寸劇から1時間目の授業に入りました。教室のまん中を畑に見立てての寸劇です。教室のまん中には教室の床のタイルを使って、実際に$2\frac{2}{3}$の畑を作りました。

> 鳥山先生は1ℓの液体肥料を$2\frac{2}{3}$㎡の畑に平均にまきました。1㎡あたり何ℓの肥料がまけますか？

加藤　さあ、鳥山先生がこういう問題を出したんだけど、どういう式が成り立つかな？

K　　わり算じゃない？

加藤　わり算？

A　　わり算だよ。だって1平方メートルあたりを出すんだもん。

H　　そうだよ、まちがいない。わり算。

加藤　わり算だって、いいかな。じゃあ、式書いてみて。

　　　（子どもたち：わり算と分かっていても、式を自信をもって立て
　　　られない子が目立つ。）

加藤　さあ、式を言ってもらおうかな。

子　　$2\frac{2}{3} \div 1$

子　　$1 \div 2\frac{2}{3}$

加藤　あら、どっちかね？

T　　1平方メートルあたりを出すんだから、$2\frac{2}{3}$でわる。

子　　あっ、そうだったあ。

K　　何リットルまけますか、だから1リットルをわけなくちゃだめだ
　　　よね。

加藤　ということは、どっちの式？

子たち　$1 \div 2\frac{2}{3}$

加藤　さて、これをどうやって計算しようか？　いろいろな方法で計算
　　　してみて！

　一人ひとりがシーンとして考え出しました。M子さんが何かひらめ
いたらしく、ノートに何やらせっせと書いているのが目に入りました。
Aくんは中学受験しようとしている子です。図で計算の方法を書こう
としていますが、どういうことを表したいのか伝わってこない図でした
し、一寸考えていることがピント外れのようなので、何をどう考えたい
のか、尋ねました。話を聞くと、考えていることはM子さんと同じだ
ということが分かりました。塾で習ったことにすぐ走らないで、自分で

自分のやり方を見つけようとしていることがうれしくなりました。そして、今話したことを線分図で書いてみたら、とアドバイスして、他の子の所に私は移りました。どの子もとてもよく考えていますが、教室の前に出て、床の実際の畑を使って説明できるのはＭ子さんだな、と思いました。また、Ａくんは線分図で表すことができて満足したような顔になっていました。

Ａくんのノート

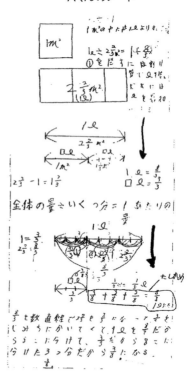

　いつもは自信なげに目立たず、静かにクラスの様子を見ていることの多かったＭ子さんがやっぱりいつもとは違う様子をしています。Ｍ子さんが説明文を書き終わるのを待つことにしました。

　用意していた色紙で考える子も出て来ました。その中で算数が大嫌いで、大の苦手なＨ香さんがきちんと用意していた畑の図に色紙を貼って考えようとしているのが、いいと思いました。そんな一人ひとりの様子を見ていると、Ｍ子さんが書き終わったようでした。そこで、

加藤　Ｍ子ちゃん、そのノートの考
　　　え方をこの教室の畑を使って
　　　説明できるかな。

と、声をかけました。するとその２人の会話を聞いて、クラス中がさ

っと集中して、M子さんに期待の目を寄せるのが分かりました。

（さあ、M子ガンバレ。）

　いつもは発表などしないM子さんが、「うん、やってみる。」と言って、席を立ちました。そして堂々と説明を始めました。

M子　これが $2\frac{2}{3}$ で、これは $\frac{1}{3}$ が8つある大きさです。$\frac{8}{3}$ で、そこに1リットルをまくんだから、8で割ると、$\frac{1}{8}$ になって、でも1平方メートルは $\frac{1}{8}$ が3個分ないとまけないから、$\frac{3}{8}$ になる。

HR　え、分かるようで分からない。もう1回言ってくれる。

M子　$2\frac{2}{3}$ は $\frac{8}{3}$ でしょ。それと1は $\frac{3}{3}$ ってことを頭に入れといて。

M子さんのノート

$2\frac{2}{3}$㎡に まくのは、1ℓ、では、$\frac{1}{3}$㎡は？

最初に、$2\frac{2}{3}$ の $\frac{3}{3}$ は、1㎡を何個に分けてるかの3で1㎡を3個に分ける事がわかる。そいて、その3等分してある、1㎡が何2個でという事が分かって、2 が出る。残りの、$\frac{2}{3}$ は、3等分の1個にきない ので 指て、$\frac{2}{3}$、そして、3等分してある 1㎡の 2個 と $\frac{2}{3}$ をたいて（3等分の 分けた数）8個、そこに 1ℓ をまくので（8÷1＝）1÷8＝$\frac{1}{8}$ で1㎡にかけて ある3をかける、（1㎡にまく量が知りたい）で $\frac{1}{8}$ ×3 で $\frac{3}{8}$ で $\frac{3}{8}$ まく、答が分かた!!

と言って、再び説明を始めました。

加藤　どうかな？　分かったかな。

H　分かった気になってるけど、まだ、他の人には説明できないかもしれない。

（そうそう、といった同様の顔をしている子が多い。）

加藤　そうかあ、じゃあ今のM子ちゃんの考えをヒントにして、自分の考えをしっかり持とう。自分で考えるんだよ。

　そう言って、個人学習の時間に戻りました。すごく良い時間となりました。とにかく自分の考えを持とうと自分のノートにいろいろ書きなが

ら考えているのです。Aくんが線分図で満足してしまって考え方が広がりそうにありませんでした。そこで、Aくんに「この式の変形では考えられないかな！」と、声をかけました。Aくんは「思いつかなかった、式の変形なんて」と言って、再び考え出しました。

加藤　どうかな？　自分の考え持てたかな？

H　　まだ、もやもやして説明できない。

子　　説明できそうだけど、でももたもたしそうで、まだ、まだ。

加藤　そうか。それじゃあ、次の時間に友達に説明聞いたり、説明したりして、はっきり確実なものにしていこう。交流の時間持つね。

　これで1時間目は終わりました。

「M子さんの所に一番に行って、はっきりしたい」

「よっしゃー、交流が楽しみー」

「何種類の考え方が出て来るのかなあ」など、次の算数の時間への期待の声がたくさんノートの感想に書かれていました。

〈2時間目〉

加藤　さあ、この前の授業でそれぞれ $1 \div 2\frac{2}{3}$ の計算の仕方の考えが持てたね。この時間は、友達に説明することで自分の考え方をはっきりしたり、他の考え方を教えてもらって計算の仕方をいろんな考え方で見つけたりする時間にします。納得いくまで、友達に聞いたり、自分で確かめたりして、様々な考え方で解けるようにしてください。じゃあ、始めて。

　M子さんのところに、さあーと女の子たちが集まりました。やっぱ

り前時のM子さんの説明では納得してなかったのです。

　しばらくM子さんの説明を聞いていて納得した子から別の考え方の友達のところに散らばりました。

　数直線で考えているTくんのところが盛り上がりました。「M子さんの図で考えるやり方と数直線の考え方は同じだ」と言うのです。表し方が図と直線と違うだけで、考え方は同じだと言うのです。色紙を簡単に直線で表しただけじゃないか、と大納得です。

　数直線の考え方を説明し終わったTくんは、式の変形で考えたAくんのところに向かいました。Aくんが式の変形の考え方を説明すると、Tくんの顔がぱあっと明るくなりました。そして、H香さんの考えを実際に色紙で確かめているKさんのところに立ち寄って「Aくんの式の変形は面白いよ」なんて話しています。すると、KさんがAくんのところに行って、式の変形の考え方を聞き始めました。そして、K郎くんが「先生、分数のわり算は分子と分母を置き換えればかけ算で出せるみたいだよ」と、言いに来ました。

　交流の時間の授業の終わりに、H香さんの色紙を使っての考え方と、K輝くんの数直線の考え方とAくんTくんの式の変形の考え方を説明してもらいました。そして、次の時間どの考えに進んで計算の仕方を見つけていきたいか聞いてみました。式の変形で考えたいという子がとても多くなりました。

　子どもたちのノートは以下のようになっていました。→の後の記録は交流の時間にそれぞれが交流したことをもとにノートに自分の言葉でまとめたものです。

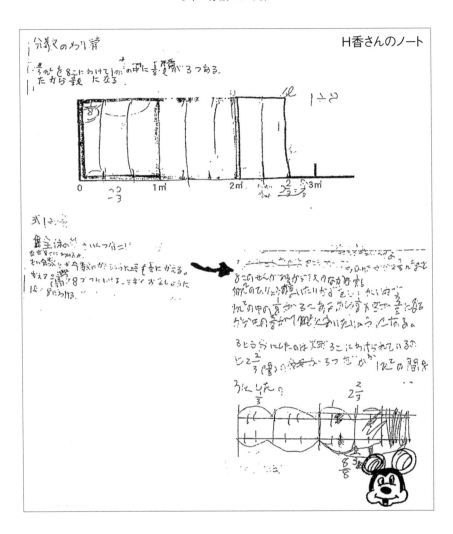

K輝くんのノート

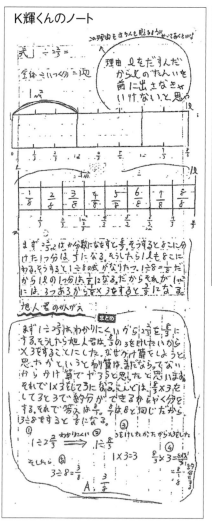

Aくんのノート

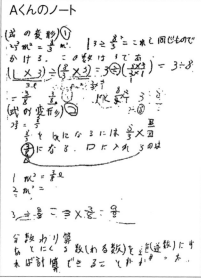

M子さんのノート

$2\frac{2}{3}$ ㎡ に まくのは、1L. では、1㎡ は?

最初に、$2\frac{2}{3}$ の 3 は、1㎡ を何個に分けてるか の3で1㎡を3個に分けてる事がわかる。そして、その 3等分している 1㎡ が2個ていう事がわかり、「2」 が出る。残りの $\frac{2}{3}$ は、3等分の1個いらない ので捨てて、$\frac{2}{3}$。そして3等分している 1㎡の2個 と $\frac{2}{3}$ をたして (3等分の分けた数) 8個。そこに 1Lをまくので $(8=9\frac{2}{3})$ 1÷8= $\frac{1}{8}$ で1㎡にかけて なる3をかける。（1㎡にまく量が物だから）$\frac{1}{8}×3$ で $\frac{3}{8}$ で $\frac{3}{8}$ Lまく、再び分かる!!

式の変形のやり方。

式 $1 ÷ 2\frac{2}{3}$ で、が分数の 「2」 を分数 にするために、3(分母)×2(整数)+2 (分子)=8. になり分母=3・分子=8で $\frac{8}{3}$ そして 式は 1 ÷ $\frac{8}{3}$ になる。それ で $\frac{8}{3}$ を整数にしたいので、 $(1×\frac{3}{8}) ÷ (\frac{8}{3}×\frac{3}{8})=1×\frac{3}{8}$ で答えは $\frac{3}{8}$。
$\frac{3}{8}$　　$\frac{24}{24}$
　　　　　1

それで 1_㎡ (3等分) に、まく量は $\frac{3}{8}$ と なります!!

まとめ だよ♪
多分、分数の わり算の しかたは、 わる数の 逆数を かけると 良い かも?!

Hey!!

ちょっとだけ、練習がてら
$1÷2\frac{2}{3}=(18+9=27)\frac{27}{6}$
$\frac{27}{6}×\frac{6}{27}=(\frac{162}{162})=1$
$\frac{6}{27}=\frac{2}{9}$に なる?!

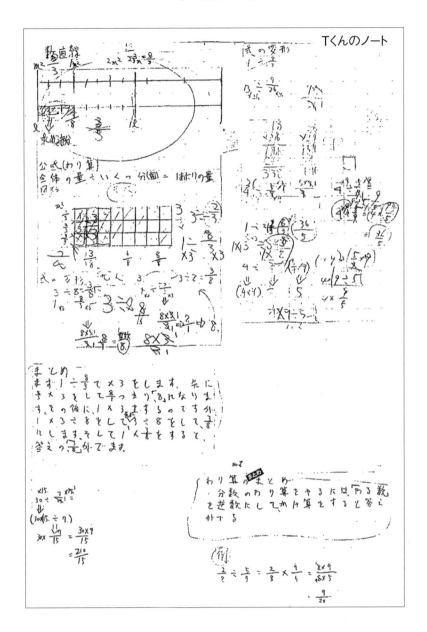

Tくんのノート

6年　分数のわり算

HRさんのノート

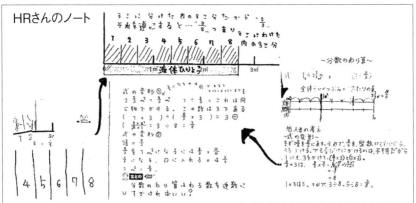

式の変形①
$2 \times \frac{3}{8} = \frac{2}{8}$ つ ÷ $\frac{3}{8}$ = これは同じ式でかける。この数は3つある。
$(7 \times 3) \div (\frac{3}{8} \times 3) = 3$つ
$\frac{2}{8} \times 3 \div 3 = \frac{2}{8}$

式の変形②
$\frac{2}{8} = \frac{2}{8}$
$\frac{2}{8}$になるには $\frac{2}{8} \times \frac{8}{3}$
$\frac{2}{8}$になる、口に入れるのは $\frac{8}{3}$

まとめ
分数のわり算はわる数を逆数にしてかければいい？

~分数のわり算~

他人書の考え
~式の変形~

Aさんのノート

月肥料

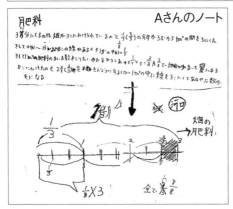

$\frac{1}{3}$

→畑の
→月肥料

$\frac{2}{8} \times 3$　全で $\frac{2}{8}$

H章くんのノート

大事のやり方

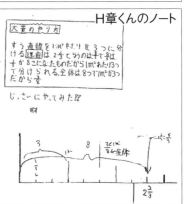

じっさいにやってみた

$2\frac{2}{3}$

Y加さんのノート

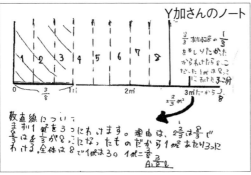

数直線について
数直線1好を3つにわけます。理由は

A $\frac{2}{8}$ 人

6年　分数のわり算

T也くんのノート

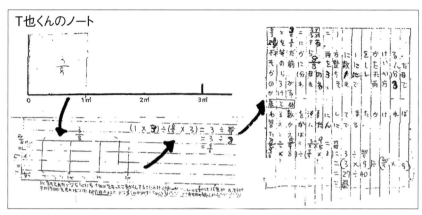

AOくんのノート

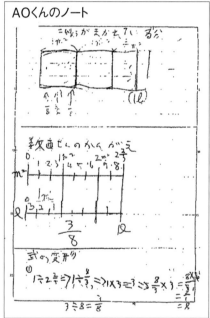

44

分数のたし算、ひき算
～子どもの考えを組織するということ(1)～

　現代の大人社会の縮図を見ているような、そしてその影響をもろに子どもたちが受けているように感じています。あまりいいとは言えない環境から、けなげに子どもたちが登校して来る……子どもって本当にすごいよね、けなげだよね、がんばるよね、と職員室で同僚と会話する、そんな学校の6年生の担任での実践です。

　昨年度5年生では授業が成り立たず、というより以前、ケンカと怒鳴り合い、ルール破りなど、2人の担任を初め、隣の6年生の担任（男性教員と私）少人数加配教員2名、校長先生、教頭先生、教務主任先生などと、とにかく大勢の教員がかかわって1年を過ごしました。（しかし、秋には担任の一人は心身症で病休に入りました）。3月末、校長先生から「もう1年、6年生を……」と話がありました。私は即、お断りしました。また6年生担任だと4年連続であること、それまでの6年生も毎年大変だったのを担任2人で持ちこたえていたこと、隣からかかわっていてもとても今の5年生を担任できるとは思えないこと、本校には私よりももっとベテラン教師が多いこと……と話して断りました。でも、校長先生の粘り勝ち。6年生の担任に決定しました。

　4月準備登校で、子どもたちが集まりました。新1年生の教室や体育館、外回りの清掃活動でしたが、いろいろ指示してみるとよく働きます。6年生になることを楽しみに張りきっていることが伝わってきました。この気持ちにうまくのっていけば、まずは良さそうだなと思いました。

　始業式での担任発表では、私が担任になったということで喜んでくれている子がとても多くいました。

　問題児と言われている子が手をたたいて喜んでいるのが見えました。親指を立てて「やったぜ」と示してくるガキ大将・Kくんもいました。始業式後、短時間の学年集会を持ちました。入学式準備が待っているからです。①進級おめでとう②昨年度はあまり威張れない状態だったこと③準備登校の活動の様子は素晴らしかったこと④今年度は開校2年目で本校の将来がかかった年であること⑤6年生全体で将来につながる校風を創る担い手になること⑥そのために一人ひとりが新しい自分づくりをすること、という6年生の指針となる話をしました。そしてその後の入学式準備の段取りについて話しました。

　その後の入学式準備は日程では30分とってありましたが、なんと10分余りで準備できてしまったので、一度教室に戻って教科書を配ることもできました。学年集会での話が6年2クラスの多く子たちに、伝わったな、と思いました。好スタートの初日でした。

　私の1組は36名でスタートです。表に出ている気になることを挙げればきりがないような集団です。しかし、1週間ぐらい過ぎたころから、もっと深刻なのは今まで職員間の生徒指導研修でも話題にならなかった、ずるい女子の動きではないかと感じ始めました。まずは派手に分かりやすく動く男子の裏でコソコソと仲間外れを作ったり、悪口を言い合ったり、言いたいことを言わずに不満顔になっていたりする女子を解放しようと思いました。

　さて、何で行こうか……やっぱり算数しかないかな……と思いました。

　なぜ算数か。①答えが一つしかないこと②でもその答えを出すのに様々な考えが認められること③2年生からの算数の学習の理解度が一人ひとり分析しやすいこと④勉強（算数）を嫌いとか、つまらないとか、

苦手とか思ってひがんでしまっている子を揺さぶったり立ち直らせたりできる可能性が他教科よりあると感じられること、と考えたからです。

分数のたし算、ひき算：解釈

　異分母分数のたし算を数字の操作としてでなく、半具体物や図、数直線などを使って、なぜ通分する必要があるのかを考えさせたい。

　だから、教科書の流れ「等しい分数づくり」→「たし算」→「倍分・通分」→「ひき算」→「３口のたし算・ひき算」という流れを変えることとする。

　教科書の流れは、突然「等しい分数づくり」をしている。なぜ、等しい分数づくりをしなくてはならないのか分からないまま学習して、「分母のちがう分数のたし算は分母を同じにして計算します」とまとめられている。これで、異分母分数の加減の本当の意味を分かったことになるのだろうか？　同じ分母にする：通分して加減するという本当の意味が分かったことになるのだろうか。

　そこで私の考えた流れは「異分母分数のたし算の仕方を考えることを通して、等しい分数・通分の必要性を実感する」→「約分」→「計算練習（３口も含む）」とする。通分するために等しい分数づくりが必要であって、わざわざ等しい分数づくりを取り立てて学習する必然性がないと考えたからである。かえって、異分母分数の加減の仕方を考える中で、等しい分数に気づいたり、通分の考えを考え出したりすることができ、この段階が一番考えを出し合えるところで、ここを考え合うとき一番この単元の楽しさを味わうのではないか、と考えたからである。

　異分母分数のたし算でなぜ通分しなくてはならないのか、ここがこの学習の核である。分数のたし算も整数のたし算と同じであること、即ち

同じ桁同士（同じ大きさのタイル同士）でしかたし算できない。そのために、同じ大きさのタイルにするために通分が必要であるということを半具体物や数直線などを使って実感させていきたいと思う。

　通分するとき、今年度は最小公倍数で通分することをはっきり教える。そのために、前単元の「整数の性質を調べよう」での倍数と公倍数で最小公倍数の出し方で、すだれ方式を全員ができるように徹底する。

　半具体物は折り紙、絵、図で考えるだろうから、折り紙の用意をする。また、通分することを既に知っている子もいると思うので、通分する意味をしっかり考えさせることに重点を置きたい。塾に行っている子はすぐに答は出せるが、その意味を答えるには時間がかかるはずだ。塾に行っていない子が活躍できるようにしたい。また、もやもやしている女子を活躍させたい。

　　問題は

> 牛乳がびんに$\frac{1}{2}\ell$、パックに$\frac{1}{3}\ell$入っています。
> あわせて何ℓになりますか。

　という教科書の問題を使うことにする。大きさを示すのに折り紙でも絵でも図でも簡単に示しやすいし、その違い$\frac{1}{6}$で分母を同じにする（通分する）と考えるひらめきにつながるのではないかと考えたからである。

実際の授業

〈1 時間目〉

　黒板に問題を貼り、みんなで問題を声を出して読みました。

> 牛乳がびんに $\frac{1}{2}\ell$ 、パックに $\frac{1}{3}\ell$ 入っています。
> あわせて何 ℓ になりますか。

　すぐに、子どもたちに聞きました。

T　　これはなに算になる？（さっと多数手が挙がって）

C　　たし算。

T　　たし算でいいかな？

C　　だって、あわせてだから、たし算。迷うことなくたし算。

T　　そうだね。じゃあ、式は？

C　　$\frac{1}{2}+\frac{1}{3}$（口々に）（板書する）

T　　そうだね。じゃあ、これはいくつになるんだろうね？

Y也　$\frac{2}{5}$ かな。

K郎　ええーなんか違う感じがするけど、ええーいくつだあ？（塾に行っ
　　　ているHさんやYくんがノートに計算を始めました）

T　　それじゃあ、どんな方法を使ってもいいから、ちゃんと足してみ
　　　て。折り紙使いたい人は、用意してあるよ。絵を書いてもいいよ。

R　　ノートのめもりを使ってもいい？

T　　いいよ。自分でどんな方法でもいいから、考えてみて。

　すると、さーと折り紙を十数人が取りに来ました。絵を書き始めてい
る子も見えてきました。そんな中で、T治くんが $\frac{5}{6}$ になるよ、と、小
さな声で私を呼んで言いました。私はどうして？　と聞き返しました。
「だって、分母を同じにして足すんだよ」と言うので、「どうして分母を
同じにしなくてはいけないの。そこがこの勉強のミソなんだよ」と、言
って、お互いににこっと笑顔を交わしました。

　例年はこういう子が出て来ると、正しい答を大きな声でクラスみんな
に聞こえるように知らせることもありましたが、今回は止めました。通

分の意味をしっかり考えさせるには、分母が6になることを知らない方が自分で様々に考えるのではないかと考えたからです。正しい答えになるように分母を6にこじつけて通分することを考えるより、知らない方が様々な方で考え、豊かな考えが出て来ると思ったからです。

　1時間目に勘で分母を6で通分するのを見つけたのは、クラスで一番の問題児として引き継いだKくんでした。昨年度はトラブル、暴力、暴言の中心者で1時間座って授業なんて受けたことはないようでした。そのKくんが「先生！」と言って、折り紙を使って次のように説明しました。

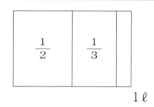

1ℓ

　1ℓの折り紙に$\frac{1}{2}$と$\frac{1}{3}$を重ねて残ったところで折り紙を折ると1ℓが6等分になっていて$\frac{1}{6}$になりました。その大きさで見ると、$\frac{1}{2}$は$\frac{3}{6}$になり、$\frac{1}{3}$は$\frac{2}{6}$になります。$\frac{3}{6}+\frac{2}{6}=\frac{5}{6}$になりました。

　1時間目は勘で解いたKくんがいたくらいで、折り紙や絵、数直線などを使って、通分の意味をはっきり自信を持って考えている子はいないようでした。そこで2時間目の初めに整数のたし算の考え方をタイルを使って説明しようと決めました。

〈2時間目〉

T　　昨日の続きを考える前に、ちょっと見てくれる。36+28を使ってやってみるね。同じたし算なんだからヒントになるかもしれない

からね。
と言って、タイルで計算しました。

T　　どう？　何か気がついたこと
　　　ある？
C　　棒タイルは棒タイルで足し
　　　て、ちびタイルはちびタイル
　　　で足して、ちびタイルが十個
　　　で棒タイルになった。

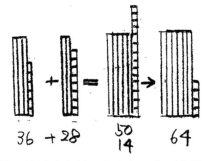

T　　そうよね。ちびはちび同士、棒は棒同士を足したよね。ちびと棒
　　　は足せないよね。同じ大きさのタイル同士を足したよね。

　と、確かめました。そして「昨日の続きを考えてみて」と、言いました。
この2時間目は教室のあちこちで活発に考える姿が出て来ました。そし
て、自分で考えたものを近くの友達に説明する姿も見えてきました。

　そこで交流してもよいことにしました。
　これまでも交流をしてきました。これまでは自分の考えをしっかり持
ってから交流をして、新しく分かったことがあったりしたら、それをノ
ートに自分の言葉で書くことに力を入れてきました。自分と違う考え方
の子と交流して、新しい考え方を知ったときも、分かったことや自分の
考え方と同じ部分、異なる部分などをきちんとノートに記録するように
求めていました。自分の考えをしっかり持って交流していたので、交流
の中で自分と同じ考え方の友達と交流することで自分の考え方の正しさ
を確信したり、説明の仕方が簡潔になったり、新しい考え方がひらめい
たりと、学習する単位は子ども一人ひとりであり、自分の考えを強くし

ていくものでした。

　でもこの年の子どもたちは一人ひとりがとても弱く、自分に自信のない子の集団であることと、受け身の授業しか経験してない子たちで、自分の意見や考え方から新しい知識を得ていくという本当に楽しい授業を経験したことのない子たちでしたので、ひらめいたことや考えたことをすぐに友達に話して交流することで、考える楽しさを味わわせ、自信を持たせ、学習は自分たちで創っていくものだということを実感させたいと思いました。だから早い段階で交流することにしたのです。

　考えが持てた子どももまだはっきり持てない子どもも友達と交流して自分のノートに考えたこと、分かったことをきっちり書くように話しました。

　また、発表の時間（一斉学習）には、どの子どももがいくつかの考え方が分かっているようにしたいとも思っていました。なぜかと言えば、自分の考えを発表するときに助け合いができるだろうと思ったからです。一人ひとりがとても弱いので、発表をして上手く自分の考え方を伝えられないなあと感じたときや、質問を受けたときに一人では対応できない場面がきっと出て来るだろうと想像できたからです。交流し合った子どもたちの中で換わって対応できる子どもが出て来たり、そのことで友達に認められる子どもが出て来たりした方が豊かだと考えたからです。たくさんの友達と話すことで子ども同士の人間関係をつくりたかったし、認め合える関係もつくりたかったし、一人ひとりが自信を持ってほしかったからです。

　友達との考え方の交流もしていいことにしてからの、子どもたちの様子は……。
○まず、Kくんのところに近づいてみました。

　K郎くんとHくん、Tくんが「Kくん、昨日言ってたことをもういっぺん教えて」と、言って集まっていました。Kくんが昨日授業が終わった後も、自分が見つけた考えを周りの子に話していたのを彼らは覚えていたのです。Kくんには大きな画用

〈K〉

紙に自分の考えを書いて、みんなの前で説明できるようにと指示しておいたので、その大きな折り紙を貼った画用紙を使って、3人に説明をしていました。私に昨日話したように説明し終わると、3人は「オー」「Kくんよく分かるよ」「答は$\frac{5}{6}$になるんだー」と、うれしそうに席に着きました。それからK郎くんはノートに図を書いて、Kくんから聞いたことをまとめ始めました。

　K郎くんは野球少年です。自分のことが大好きで、自分はいつも格好良くいたいと思っています。だから、人前で違いを指摘されたりするとその違いを認めたりすることがなかなかできない子でした。友達と協力するとか、教え合うなんてことはできませんでした。どうして他人のために働かなくてはいけないの？　と思っているような子でした。なんとなくクラスの中で「勝手なやつ」と思われている子でした。そのK郎くんが、友達の意見を聞いて友達の説明に感動して、受け入れ、自分のものにしようとしているのです。

〇Kくんの近くの席のSさんは前の席のNさんと何やら頭をくっつけるようにして話していました。私は2人の間に頭を突っ込むようにして覗き込みました。すると6で通分した図と、12で通分した図を見て、「同じ大きさになるよねえ……でも$\frac{5}{6}$と$\frac{10}{12}$のどっちが答えになるの」と、話し合っているのでした。「どっちでもいいのかもしれないけど、でも

$\frac{5}{6}$の方が分かりやすいよね……」と、S さんが言って、「数が小さいので、揃える方がいいのかも」と、2人で結論を出しているのでした。「そういう数のことなんて言うの？」と、口出すと、ビックリしたような顔をして、「先生いたの？びっくりするじゃない」と、言いながら

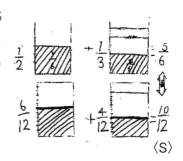

〈S〉

「最小公倍数？」とSさんが答えました。「そうだ、最小公倍数だね。今、2人が話していたことを画用紙に書いて」と、言ってその場を離れました。

○初めに$\frac{2}{5}$かなと言っていたY也くんは今何を考えているのだろうと思い、Y也くんの所に行きました。Y也くんは隣のM里さんと数直線を書いて答え$\frac{5}{6}$を導き出そうとノートに5cmの線を引いて、四苦八苦していました。「なに困ってるの？」と、声をかけると「$\frac{1}{2}$はすぐに書けるんだけど、$\frac{1}{3}$が書けないんだけど…」と、不満そうに言いました。「2でも分けられるし、3でも分けられる線の長さにしてみればー」と、言って、じっと私とY也くんの会話を聞いていたM里さんに、にこっと笑って、その場を離れました。（M里さんは2と3の公倍数6を思いついた様子でした。）

○T治くんの周りがにぎやかに何やら話していました。Aくん、K太くん、Rくん、Rさん、Aさんがにぎやかに集まって、T治くんのノートを囲んで何やら書いたり、話したり、質問したり、お互いに答えたりしています。T治くんの線分を使っての考え方について、「どうし

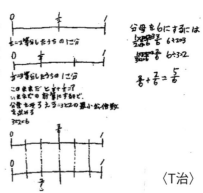

〈T治〉

て最小公倍数にするの？」とか「今までの計算と同じにするってどういうこと？」とかと質問しているのです。それに対してＴ治くんが「5年生で習った分数のたし算みたいに分母を同じにすれば足せるじゃん。分かるー」「分かるよー」「で、どうして最小公倍数なの？」「だから、分母を同じにするためにー」「ええーーどうして最小公倍数？」「だって、さっきＫくんが言っていたみたい

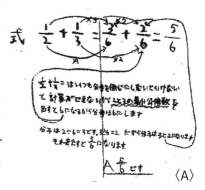

式　$\frac{1}{2} + \frac{1}{3} = \frac{3}{6} + \frac{2}{6} = \frac{5}{6}$

〈A〉

に、$\frac{1}{2}$と$\frac{1}{3}$じゃ、紙の大きさが違うでしょ、だから、同じ大きさで分けられるようにますの大きさを揃えると、6等分の大きさで考えないとだめでしょ。で、その6っていうのは、2と3の最小公倍数でしょ。だから、分け方を同じにするには2と3の最小公倍数でわけるってこと」とＴ治くんがゆっくりと話しています。

　すると、Ａくんが「分かったかもしれない」と、言って、その輪を離れました。それから一人ひとりとＴ治くんの所にできた輪を離れて自分の席でノートに考えを書き始めました。またしばらくすると、Ｔ治くんとＡくんが何やら話していて、「そうそう、そういうことだよねえ」とか言って、二人ともうれしそうな顔をしているのが見えました。ＴくんやＹさんたちもＴ治くんＡくんの所で、また再び考えを聞き始めていました。Ｔ治くんＡくんが静かな、でも燃える教室の中心になっていました。

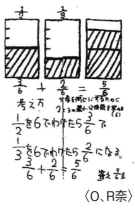

〈O、R奈〉

55

○そのにぎやかな集団の横で、OさんとR奈さんが一人でノートに考えを書いていました。面白いことに二人が同じような図を書き、同じような説明を加えているので、二人に「あら、席の前後で同じような考え方をしているよ。交流したの？」「ううん」「じゃあ、二人で自分の考えを言い合って、より分かりやすくまとめてみたら」と、言って画用紙を渡しました。一斉学習の一番か二番目に発表してもらうのにいいなっと考えて、画用紙に書いてもらうことにしたのです。

○交流をせずに一人で考えようと頑張っている子たちもたくさんいました。Yくん、Hくん、G朗くん、Mくん、Iさん、SさんはOさんR奈さんと同じように絵を書いて考えているようでした。

○一番うしろの席でM葉さんがノートに紙を貼っているのが目に入りました。何をしているのかな？　近づいていくと、同じ大きさにしなくてはだめだよ、と書いて$\frac{1}{2}$を$\frac{1}{6}$のタイル３枚、$\frac{1}{3}$を$\frac{1}{6}$のタイル２枚にして計算しているのです。これは数直線につながるなと思い、「M葉

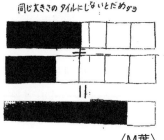

〈M葉〉

さん、一人でよく考えているね。これ、画用紙に大きくして貼ってくれる」と指示しました。M葉さんは物静かな、おっとりした女の子です。発表できるかな、できたらすごいよな、と思いながら、画用紙を渡しました。

○もう一人、だれとも話さず、ノートに向かっている子がいました。K哉くんです。

　昨年度はいじめられていて、この子から相談室で何度となく現状を聞き出したりしたのでした（生徒指導主任の仕事でしたので）。今年度は今のところいじめられていませんし、この子自身の表情が明るくなって

います。だれとも交流できないのか
な？　やっぱり孤立しているのか
な？　と思いながら、K哉くんのノ
ートを覗きました。

〈K哉〉

　すると計算の仕方を順序立てて、
分かりやすい文で、きちんとまとめ
ているのです。「すごーい、……K
哉くん！　すごくよく分かる文になっているよ。この通りに画用紙に書
いてくれるー」K哉くんはうれしそうにはにかみながら画用紙を取りに
席を立ちました。すると、Hくんが「K哉くん、先生に誉められていた
でしょ、僕に教えて」って、K哉くんに寄っていくのでした。K哉くん
にとってこれは人生初めての経験だったかもしれません。（このことが
あってから、彼に近づくと鼻を突くにおいが少なくなりました。）
○Yさん、Hさん、H子さん、H樹くん、Y樹くん、R介くん、そし
て苦労していたY也くんも6cmの線を書いて考えを書き始めていました。
○T治くんの周りににぎやかに集まっていたグループから一人、一人
と離れて考え出していた子どもたちのノートを見に歩きました。子ども
たちは一人ひとりでノートに書いたり、友達とノートのまとめ方を話し
たり、自分の考え方を説明したりして交流を深めていました。驚きまし
た。T治くんの周りに集まっていた子どもたちがみんな自分の考え方
で、同じ大きさの単位分数$\frac{1}{6}$を表して、分かりやすく表しているのです。
私はうれしくなって、線分を使って説明しているK太くんと分かりやす
い6等分の図で説明しているRくんに「はい、画用紙に書いてね」と、
指示しました。
　交流の時間1時間半が終わる頃には一斉学習での発表の順が何となく
私の頭の中で決まっていました。

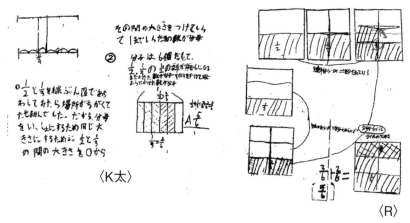

〈K太〉　〈R〉

①Kくん　②O・R奈さん　③M葉くん　④K太くん　⑤T治くん
⑥Aくん　⑦K哉くん　⑧Rくん　⑨Sさん
と決めて、一斉学習に臨むことにしました。

①Kくん……1時間目に1から$\frac{1}{2}+\frac{1}{3}$を引いた$\frac{1}{6}$に着目して、$\frac{3}{6}+\frac{2}{6}$
$=\frac{5}{6}$と初めに考えだした。〈勘、ひらめきがGOOD。〉※

②O・R奈さん……$\frac{1}{2}+\frac{1}{3}$を図にして、Kくんの考えを勘でなくて半具
体物で正解を出しているところがGOOD。ただ、なぜ、6等分したか
は不明。〈発表用紙には小さく分母を同じにするので2と3の最小公
倍数を求める、と書き加えられていた。〉

③M葉さん……$\frac{1}{2}$と$\frac{1}{3}$を同じタイルにしないとだめだよ、とはっきり
と書かれているところがBEST。数直線の考えにつながる。※

④K太くん……数直線で考えているところがGOOD。（分母の6を出す
のに！　$\frac{1}{2}-\frac{1}{3}$をしてその大きさ$\frac{1}{6}$で1を分けるという所が、Kく
んの考えにもどってしまいダメだったが、交流の時点では気がついて
いなかった。）※

⑤ Ｔ治くん……今までの計算ができるように……と言って、分母を揃えると考えたところが GOOD。また、線分図をきちんと書いていて説明も明快であることが GOOD。

⑥ Ａくん……Ｔ治くんが線分図で考えたことを言葉で表しているところが GOOD。特に式に×２とか×３とか書き入れているところが、算数を不得手としている子には役立つ。

⑦ Ｋ哉くん……Ａくんの説明を言葉で表しているところが GOOD。Ｋ哉くんにとっては、発表することに意味がある。

　ここまでの一斉学習で、6で通分してから計算することが必要であることが、大方の子には納得できるはずだと思いました。

⑧ Ｒくん……まだ、なぜ6で揃えるの……とこだわっている子も、この子の図を見ると6だと同じ大きさのタイルになることが納得できるに違いない。他の子どもと全然違う図で考えているところが GOOD。

⑨ Ｓさん……6で揃えなくてはいけないの？　他の公倍数で揃えてはダメなの？　と思っている子に、最小公倍数が簡易であることを伝えるのに GOOD。そして約分につながる。

　と、一斉学習の流れを決めました。

〈3時間目〉
　一斉学習です。実際の授業は、初めのＫくん以外は、私の決めていた流れとは全然違う、発表を予定していた子が、次々と前に出て来て説明するという授業になりました。

　Ｋくんが説明しました。「$\frac{1}{2}$と$\frac{1}{3}$を１ℓのますに入れます。１ℓます
の残っているところで１ℓを分けると６つに分けられたから、$\frac{1}{6}$にな
ります」１回の説明では言っていることが伝わらなかったのか、「もう
一度言って」の声があって、画用紙に貼った折り紙を指さしながら、も
う一度説明しました。すると、Ｔ治くんが「今のことを、別の方法で説
明できる」と、言って、前に出て来ました。

　Ｔ治くんは学力もあり、リーダーになれる人柄の子です。その良さが
昨年度は出せなかったのです。今年度当初から男子からも女子からも認
められる存在になっていました。が、なかなか前に出てこない子で、早
い時期にクラスの正統派として育ってほしいと思っていましたので、こ
のＴ治くんの登場を私はうれしく歓迎して、自分の持っていた授業の
流れは無視することにしました。Ｔ治くんが自分の書いた画用紙を持っ
て、出て来ました。そして、

「……$\frac{1}{2}+\frac{1}{3}$のままだと５年生のとき習った分数の計算が出来ない
ので、分母をそろえようと思いました。分母をそろえるには２と３
の公倍数を考えればいいんだけど最小公倍数が６でＫちゃんが言っ
たみたいになったので正しいと思います。
で、$\frac{1}{2}$は$\frac{3}{6}$になって、$\frac{1}{3}$は$\frac{2}{6}$になるので、どうなっているのかな
と見ていたら、分母と分子に同じ数をかけていることが分かりまし
た。だから$\frac{3}{6}+\frac{2}{6}=\frac{5}{6}$という計算で答えが出ます」

　と、実に分かりやすく説明しました。「よく分かる」と、Ｒ介くんが
すかさずに言いました。
　Ｒ介くんは左耳が不自由です。でも、すごく明るいし、自分の考えを

きちんと表明できるクラスの良きリーダーです。でも、だからこそこの子の危なっかしいところが気になるのです。

　Ｔ治くんが説明しているときに、「今までの計算ってどういうこと？」と、Ｋ郎くんが質問すると、Ｔ治くんが「５年生のときに習った分数のたし算をできるようにするってこと」と、答え、すると女の子の誰かが「５年生の時のたし算は分母が同じだったじゃない」と、付け足します。単なる発表ではなくて、発表を聞きながらもクラスみんなが考え合って、つぶやいて、というように授業が進んでいくのでした。

　すると、「Ｔ治くんのを聞いて、ぼくはひらめきました」というようなことを言って、みんなを笑わせながらＫ太くんが出て来ました。Ｋ太くんは、交流の時間にＴ治くんと交流しているときに自分の考えが持てた子です。

　「……分母を同じにするために $\frac{1}{2}$ と $\frac{1}{3}$ の違いの大きさで０から１までその大きさで目盛りをつけるとその数が分母になります」と、話しました。

　「えっ」と、Ｇ朗くんが間髪入れずに言いました。Ｋ太くんが「分母は６になるっていうこと」と言うと、「Ｋくんと同じだね」と、Ｈくんが言いました。「そう」と、言って、Ｋ太くんが画用紙を指しながら「分母は６になって $\frac{1}{2}$ は $\frac{3}{6}$、$\frac{1}{3}$ は $\frac{2}{6}$ になる」と説明しました。すると、「なんだか、分かるようで、分かんない」と、Ｎさんがみんなに聞こえるように言いました。これがきっかけで教室がざわざわとなりました。

　Ｎさんは女子のボス的存在です。取り巻きを従えて、見えないところで指図したりしていて、なかなか存在感のある子です。その子が真剣にＳさんと考え合ったり、ノートにまとめたりしているのです。この発言もとっても良いと思いました。

　「そうだよね。分からなかったら分からないって言った方が、友達を大切にしているんだよ」

「どこが分かんない？」

「初めから分かんない」「$\frac{1}{2}$と$\frac{1}{3}$の違いって言うところ」と、Nさん以外も子どもたちも口々に言い出しました。

「もう一回説明してみる？」と、K太くんに説明させましたが、多くの子の頭の中がはっきりしないようで、もやもやとした空気が流れました。

すると、M葉さんが小さく手を挙げました。

M葉さんは、ボーとしている子です。成績は悪くはないのですが、何か物足りなさを感じる子です。そのM葉さんが手を挙げました。

そして少し小さめの声で説明しました。ぱらぱらと、拍手が起こりました。

「$\frac{1}{2}$と$\frac{1}{3}$ではタイルの大きさが違うので、足せないので、同じ大きさのタイルにするために$\frac{1}{2}$と$\frac{1}{3}$の違う大きさで分けたら、6個に分かれました。それで$\frac{1}{2}$の2に3をかけて6だから分子も3になって、$\frac{1}{3}$の3に2をかけて6だから分子も2になって、それで3+2をすれば答えの$\frac{5}{6}$になります」

「どう？　分かってきたかな？」と、私が言い始めたのと同時に、「私たち、M葉さんの考えを、絵で書きました」と言って、突然Oさんが立って出て来ました。R奈さんもちょっと遅れて席を立ちました。

あまり積極的でない、かえってもやもやとしていると感じていた女の子が「今の発表に関係があるのは私たちかも」と、言わんばかりに出て来るのです。

その二人をちょっと待たせて、

「今のM葉さんの説明で何が分かったの？　拍手した人、ちょっと話

してみてよ」と、尋ねました。K郎くんが、
「$\frac{1}{2}$と$\frac{1}{3}$の違いの大きさで、この大きさで
1を分けると、$\frac{3}{6}$と$\frac{2}{6}$になって、たし算が
できて、答えが出るってこと」と、言いま
した。

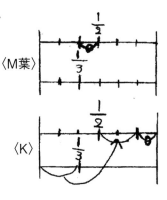

〈M葉〉

〈K〉

　すると、Mくんが「Kくんといっしょ
かー？」と、言いました。それを受けて、
Sさんが「M葉さんのは、$\frac{1}{2}$と$\frac{1}{3}$の違い
で1を6つに分けた大きさって見つけて、
Kくんのは$\frac{1}{2}$と$\frac{1}{3}$を足して1から引いて余ったのが$\frac{1}{6}$と見つけて考え
たけど、同じ$\frac{3}{6}$と$\frac{2}{6}$に揃えられたのは同じ」と、黒板に線分図を書き
ながら、説明しました。またまた、G朗くんが「えー」と言いました。
すると、R奈さんと同じようにRくんがすごい勢いで黒板の所に出て
来て、KくんとM葉さんの発表用紙を指さしながら「Kくんは$\frac{1}{2}$と$\frac{1}{3}$
を足して、残りの大きさで分けたら、$\frac{3}{6}$と$\frac{2}{6}$になって、M葉さんのは
$\frac{1}{2}$と$\frac{1}{3}$の大きさの違いで1を分けたら、偶然$\frac{3}{6}$と$\frac{2}{6}$になって、答えが
出せたわけ」と、一気に言いました。G朗くんが「偶然なの？」、Rく
ん「そうそう、偶然」、「そうかあ……偶然かぁ……こういうのすごいひ
らめきって言わない！」と、ちょっと苦しくなって、ひらめきなんて言
って済ませてもいいのかな、と思いつつも、これ以上私には応えられる
準備がありませんでした。そこで「Oさん、R奈さんに続けて説明して
もらおうか」と、先に進めました。

　二人は黒板の前で友達のやりとりをじっと聞いていたのですが、自分
たちが今のやりとりを解決できるというように、話し出しました。

　話し出したのはR奈さんの方で、

「$\frac{1}{2}$ を 6 で分けたら $\frac{3}{6}$ で、$\frac{1}{3}$ を 6 で分けたら $\frac{2}{6}$ になります。で、6
なんだけど、分母を同じにするために 2 と 3 の最小公倍数を求める、
この時は 6 になるわけで、K 菜さんと話したんだけど分母が 12 に
なっても、たせるんだけど、最小公倍数のほうが簡単にたせるから
最小公倍数にするといいと考えました」

　と、言いました。この二人は初めは最小公倍数という説明は入れてい
ませんでした。図で足して書いていたら 6 を思いついたのです。交流を
重ねながら、最小公倍数で求めると発表用紙に付け加えたのでした。突
然、R 奈さんが最小公倍数と言っても、クラスみんながすうっと受け入
れているような、R 奈さんたちは自分たちで授業をつくっている楽しさ
を感じているような、聞いている子たちもますますのってきているよう
な空気が教室に流れました。多くの子が通分してから計算するというこ
とが分かってきているなという手応えも出て来ました。でも、ここで終
わりにしたら、理解度に差が出て来るとも考えました。そこで、「R くん、
ここでみんなに R くんの考えを説明したらどうかな」と、促しました。
同じ大きさのタイルにするために、今までとは違う分け方で考えている
R くんの考え方は、説明を聞いている子にとって、どんな方法で考えて
も同じタイルにする、同じ分母にすることが必要なんだと、だめ押し的
にさらに考えるきっかけになると思ったからです。偶然ひらめきで同じ
分母を 6 にしたのではなく、分母を揃えるには（最小）公倍数の 6 を見
つけていくということを、はっきりさせたいと思ったからです。

　R くんは ADHD 傾向と診断されている子の一人です。机の周りはい
つも防災頭巾、体育着、上履き、プリント、教科書などが散らかってい
ます。字（特に漢字）は、記号のような書き方をしていて解読不能の時
もあります。でもこの授業ではこの子の感覚の良さが生かされたと思い

ます。

　Rくんが自分の発表用紙を指さして「$\frac{1}{2}$と$\frac{1}{3}$を同じ大きさで表すと……」と説明すると、大きな拍手が起こりました。Rくんが他の子と全く違う方法で$\frac{1}{6}$に分けて説明したので、「Rくん、よくかんがえたなあー」「すごく分かるよ」と、ニコニコして拍手しているのです。「どういうことが分かりやすかったの？」と聞くと、「同じ大きさにしないとダメってことがすごく分かった」と、子どもたちは口々に言いました。R介くんが「同じ大きさに分けるということは分母を同じにするということで、この場合は6で、6は最小公倍数ってことが分かった」と、言いました。「わぁ、分かっちゃったね」と、言うと、Mくんがノートに何かを書いたのが見えました。「Mくん、今、何を書いたの？」と、尋ねると、「えっと、最小公倍数でそろえる、って書いた」と、言いました。「何を揃えるの？」「分母」と、クラスのみんなが答えました。これで、異分母分数の加減は分母を同じにしなくては計算できないということが、確実に大方の子に入ったと思いました。

　「じゃあ、発表の準備をしてくれた、Aくん、K哉くん、どっちから説明してくれる？」と、言うと、Aくん、K哉くんの順に説明しました。「Aくんの矢印を書いて×2とか書いて計算すると、間違いがなくなるよ」と、話しました。K哉くんが分かりやすく説明すると、大勢が拍手をして、「よく分かる」「よく分かる」と、言うのです。K哉くんはニコニコ顔になりながら、席に着きました。最後に、Sさんが「最小公倍数で分母を揃えた方が計算しやすい」と言うことを話しました。また、通分した分数が$\frac{3}{6}$や$\frac{2}{6}$以外にも$\frac{6}{12}$や$\frac{4}{12}$もあるし、$\frac{12}{24}$や$\frac{8}{24}$にもなるよ、と言っている子も出て来ました。これで等しい分数や約分の授業の布石ができたなと、思いました。「いろいろな数で分母を揃えられるけど、Sさんが説明したみたいに……」と、言いかけると、「最小公倍数で分母を揃える」と、

いい顔をして、実に明るくうれしそうにクラス全員が言うのです。分母を揃えるということははっきり入ったと思いましたが、最小公倍数で揃えるということはまだ足りないかもしれないけど……、練習問題とかではっきりしていこうと思いここで終わりにしようと、思いました。

　「通分」という言葉を知らせねばなりません。そこで、念を押して、言葉でまとめました。

1　分母の最小公倍数で分母を揃える。＝通分
2　分子を足す

　全員が、ノートにサーっとまとめの文を書きました。いつもはあとでノートを見るとクラスで何人かはノートを書いてない子がいるのですが、この授業は 100% の子がノートに書きました。

　ガキ大将のTくんが「練習やってみよう」と、声をあげました。「おー」「いいよ」という声も聞こえます。「問題やってみようか」すると、Tくんが「$\frac{1}{2}+\frac{1}{4}$」と、言いました。「よーし、それやってみようかぁ」子どもたちが、さあーとノートに向かいました。張り切っています。

　Tくんが黒板に出て来て、

$$\overset{\times 2}{\underset{\times 2}{\frac{1}{2}+\frac{1}{4}}}=\frac{2}{4}+\frac{1}{4}=\frac{3}{4}$$

と、書きました。「えー」という、M介くんの声が聞こえました。近づいてM介くんのノートを見ると8で通分しているのです。やったーと思いました。「M介くん、黒板に書いてみて」、M介くんが、黒板に、

$$\frac{1}{2} + \frac{1}{4} = \frac{4}{8} + \frac{2}{8} = \frac{6}{8}$$

×4　×2（上）

×4　×2（下）

　と、書きました。分母を揃えるというとこまでは、全員理解できていると思っていましたが、最小公倍数の扱いはまだ足りないと思っていたので、この間違いは大歓迎です。

　「この2つのやり方が出たけど、どうだろうね」

　「まず、T方式の子」と、手を挙げながら聞くと、大勢の子が手を挙げました。

　「M介方式の子」と、言うと、7、8名の子が手を挙げました。

　「で、どっちが正しいの？　どっちでもいいの？」

　Hさんが、「最小公倍数で分母を揃えるんだから、4で揃えた方がいいと思います」と、この子らしく、きちんと答えました。すると、Tくんが「だってさあ、2と4の公倍数は $\left.2\right)\dfrac{2\quad 4}{\times 1 \times 2}$ となって、一番小さい公倍数が $2 \times 1 \times 2 = 4$ だから、4で分母を揃えて、8じゃだめってこと」と、黒板にすだれ方式を書いて、どうだというようにみんなを見回しました。クラスのみんながオーというどよめきに近いものにつつまれ、納得という感じになりました。

　「$\frac{6}{8}$ だと、間違い？」と、聞いてみました。すると、今まで黙って、みんなの説明を聞いていたWさんが、手を挙げて、右の図を書いて、「この図みたいに、$\frac{3}{4}$ と $\frac{6}{8}$ は同じ大きさになるけど、$\frac{3}{4}$ の方が簡単で分かりやすいから、$\frac{3}{4}$ の方が正しい」と、言いました。

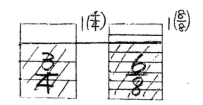

　「そうだね。同じ大きさの分数はた

くさんあるけど、一番簡単な分数で答えは出すんだよ、だから、この場合は $\frac{3}{4}$ でなきゃだめ。いいかな」

「じゃあ、次の問題」と、R介くんが言って、$\frac{1}{2}+\frac{1}{5}$ を出しました。これは間違えることなしです。算数を苦手だと思っている M子さんも「えーー」を連発していた G郎くんもささっと解きました。

　4時間目以降は同じ大きさの分数探しをやって計算練習、約分のみの練習をやって計算練習。ひき算については特別時間をとらなくてもすぐに考えられました。約分については計算練習の中でたくさん扱いました。とてもスムーズで倍数約数のところで、すだれ方式を使って全員が最大公約数を求められるようにしていたことが大きいと思いました。テスト結果は最低点が80点で、平均点は93.4点でした。

私の解釈で足りなかったところ

　Kくん、M葉さん、K太くんの考え方（58頁※印）を、思いつきとかひらめきとか言うことで終わりにしてしまったところです。この子たちの考えはユークリッドの互除法の考え方であったにもかかわらず、そのことを寸分も位置づけてあげるまでの、解釈が指摘されるまでできていませんでした。紀元前3世紀頃の数学者・天文学者が考え出したことをこのクラスの子たちは感覚的？　に考えられていたわけです。ただ単に「すごい」と讃えるより、きちんと位置づけて「すごい」と讃えるのとでは、大きな違いなのです。だから教師の基礎学力、文化が問題になるのです。だから深い解釈が必要なのです。がんばろー‼

〈互除法とは〉

　正確には"ユークリッドの互除法"というのだそうですが、出て来たはんぱの量と単位となる量に共通の約量を見いだして測りきろうとするものであり、その量を測りきる最大の公約量を見つける方法です。長さを例にとると、はんぱ４つ分で1mとなったとき、最大公約量は、はんぱの分であるから、すぐに$\frac{1}{4}$mと出ます。これは互除法１段階と呼んでい

1m				はんぱ
はんぱ	はんぱ	はんぱ	はんぱ	

るそうです。しかし、もし第１のはんぱで測っていったときに、第２のはんぱが出て来たときは、はんぱ２ではんぱ１をしきつめるというふうにするそうです。互除法２段階というそうです。もし、この互除法２段階でもまだはんぱが出たときは、３段階４段階というように続けることになります。小学校では、２段階までは正確にやれると思います。

6年 分数のかけ算、わり算
～子どもの考えを組織するということ(2)～

教材について

　6年生の算数学習の中心といえる分数の乗除法を、1学期の加減法で取り組んだ〔個人で考えを持つ〕→〔交流する〕→〔全体で確かめ合ったり深めたり広げたりする〕という授業の積み重ねで子どもたち自身の力で知識を獲得するという授業を、展開したいと考えました。

　乗除法も加減法の学習の時と同じように図で考える子、数直線で考える子が出て来ると思います。また、式を今まで学習したことを使って変形して考える子も出て来ると思います。これらの考えがつながっていることを理解できる子が出て来て、それを増やしていきたいとも思いました。そのためにも交流の時間で多くの子と意見交換して、自分の考えを広げたり深めたりするということを意識して取り組ませたいと考えました。

　教科書では、分数のかけ算とわり算（1）で①分数×整数②分数÷整数③分数×分数を学習し、単元がかわって分数のかけ算とわり算（2）で④分数÷分数⑤分数と時間を学習するという流れになっています。が、私たちの学年は①分数×整数②分数×分数③分数÷整数④分数÷分数⑤分数と時間という流れに変更することにしました。かけ算はかけ算、わり算はわり算でまとめて学習した方が子どもたちの考え方の混乱が少ないのではないか、と考えたからです。また、整数を特別な場合として考えるよりも、分数と同じ数として感じてほしいと考えたからです。

学習計画

分数×整数	4時間
分数×分数	5時間
分数÷整数	5時間
分数÷分数	8時間
分数と時間・倍の問題及び文章題	4時間
合　　計	26時間

　年間計画では25時間扱いになっています。この授業の流れ（個人で
→交流→全体で）学習すると、

・自分たちで考えをものにしていくから、定着がすごくいい。

・交流で何度も何度も繰り返すので、単なる繰り返し計算練習ではない
　ので、定着がいい。

・考え方が広がったり深まったりしていくのが見えて、授業に取り組ん
　でいて楽しい。

　と、子どもたちも授業する私も感じていました。

実際の授業

①分数×整数の授業

> 1㎡の畑に$\frac{2}{5}$dℓの液体肥料をまきます。
> 3㎡の畑では何dℓの液体肥料が必要ですか？

　式　$\frac{2}{5} \times 3$

　この分数×整数の段階ではタイル図で説明する子が多く出て来るはず
です。そのタイル図で縦軸はdℓを表し、横軸は㎡を表すということを
はっきりしておくことが、次の分数×分数の学習に入ったときに大切に
なると考えていました。また、タイル図と数直線をつなげて考えられる

子が出て来るといいなとも考えていました。

　実際の授業では……。

・分数の加減法の学習で活躍した子どもたちとは全く違う子どもたちが活躍してくれました。

・交流の時間が以前より有効に活用されていて、図だけで考えていた子たちが説明文が加えられたり（A麗さん）、図と数直線をつなげて考えられたり（R奈さん）、$\frac{2}{5}$は$\frac{1}{5}$の2つ分だから……と考えて分子のみに整数をかけると考えたり（Y佳さん）、（K希くんやH樹くん）と自信をもって主張しているのがうれしく思いました。

・タイル図もたし算のタイル図でなくて、かけ算のタイル図（G朗くん）で表現できる子が交流することで、広がっていっているのも実感できました。

・交流後のノートがすごく充実している子が多くいたことが、授業後ノートを集めてみると分かり驚きました。

・集めたノートを見てみると、この分数×整数の授業でのことの全てがまとめられているようなノートや自分の考えを定めた後に自分で問題を出して、確かめを確かにするような子（H人くん）が出て来たりしました。これがきっかけでこれ以降の授業で別の問題で自分の考えを確かめてみる子がどんどん出て来ました。

G朗くん
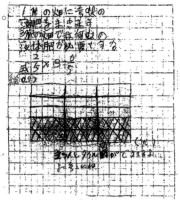

なかま

6 年 1 組学級だより

子どもたちで知識を獲得する算数の記録

　10 月 10 日から分数のかけ算の学習を始めました。11 日はクラスの友達と交流をして自分の考えをはっきりさせたり、自分とは違う考えを聞いて考え方を広げたりの授業をしました。そして、12 日、代表的な考え方の発表を聞いて、正しい知識を自分の言葉でまとめるという授業をしました。1 学期にも分数のたし算でこういう授業をして、全員がとてもよく考え、よく定着し、考える力もグンと伸びたのを感じました。

　1 学期の分数のたし算でみんなの考えを導く考え方を発表したのは K 樹くん、T 治くん、A くん、R くん、K 菜さん、R 奈さん、A さん、M 葉さん、K 哉くん、K 太くんたちでした。これをまとめて夏休みに私のもう 30 年近く学び合っている研究会で発表するように言われたので、発表しました。全国から集まった先生方〔幼、保、小、中、特別支援学級〕がとても驚かれました。どうしてこんな風にクラスみんなで学び合えるのか、高め合えるのか……と。

　2 学期はその分数のたし算の続き、分数のかけ算、わり算があります。その第一歩が 12 日にまとめられました。今度の学習でみんなの考えを導く考え方を発表してくれたのは、AR さん、G 朗くん、RI 奈さん、K 哉くん、M 花さん、K 郎くん、A アさん、Y 佳さん、K 希くん、A くん、H 樹くん、そして、欠席だったのだけれど私が変わりに発表した R 樹くんです。たし算のときと違う顔ぶれがたくさん出て来て、うれしくなりました。そして、土、日を使って、12 日の学習後のノートを見させてもらいました。1 学期と比べて、交流の時間にいろんな友達の考え

に触れ、自分の考え方を補強したり広げたりできてる子がたくさんいて、"本当にうちのクラスの子は日々前進してるんだなあ、私もうかうかしてはいられないなあ"と、感動しながらノートを見ました。何人かのノートを紹介します。（なかなか見やすくコピーできませんでした、ゴメンナサイ）

○ AR さん……$\frac{2}{5} \times 3$ を $\frac{2}{5} + \frac{2}{5} + \frac{2}{5}$ と考えて図で表していました。交流後のノートに説明文が加えられていました。交流で自分の考えた図の意味がはっきりして文と式で説明できるようになっていました。

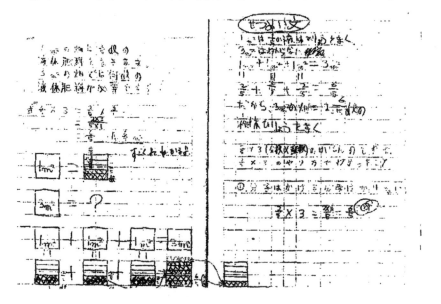

○G朗くん……タイル図がしっかり書けています。かけ算のタイル図です。これが書ければ、分数×分数になったときも、きっとタイル図で考えられるはずです。dℓと㎡の単位がきちんと書かれているところもすごいところです。

○RI奈さん……ARさんと同じたし算の図の下にたし算の数直線が書かれていました。そして、交流した後、きっとY佳さんの考えが気になったのでしょうか、それをメモしているところもいいと思いました。

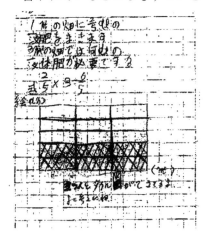

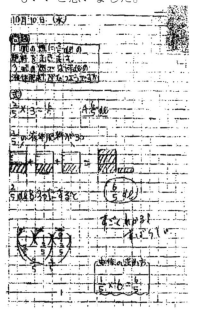

○M花さん……$\frac{2}{5}$のタイルを整数と同じように考えて表しているところがいいと思います。同じ大きさのタイルでなくては、整数も分数もたし算できないのと同じで、かけ算も整数でも分数でも同じ大きさのタイルでなくては計算できないのです。それを無意識にM花さんは図で表していました。言葉で説明できることはとても難しいことですよね。でも、聞いているクラスメイトがちゃんとM花さんの考え方を説明してくれました。K樹くんやR介くんの説明を聞きながらの、自分の考えをまとめ発表していく姿は、すばらしかったです。友達との考えの交流で自分の考えがはっきりして聞くことを楽しんでいる

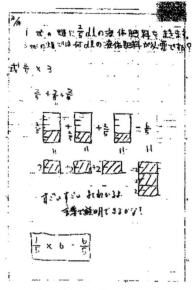
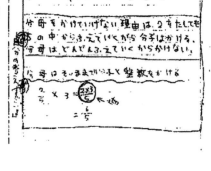

……すてきでした。

なかま

6年1組学級だより

14号の続きです。

○Y佳さん……$\frac{2}{5}$を$\frac{1}{5}\times2$と考えているところがすごいんです。そして、交流でK哉くんの数直線を書いて、かけ算の数直線として位置づけているところがすばらしいところです。

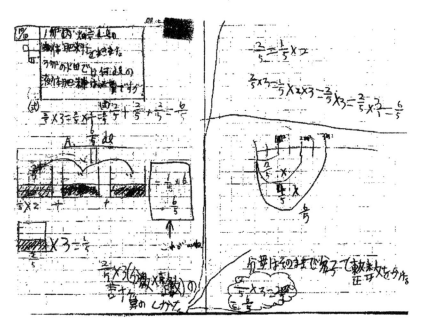

○K郎くん……タイル図がしっかり書けていることと、交流で「Mア のがすごく分かるよ」って、みんなに知らせてくれたことがしっかり

式で表せているところを学んだなあ、と思いました。こういう学びの姿がこれからの6年生の学力をつけるもとになるんですよね。

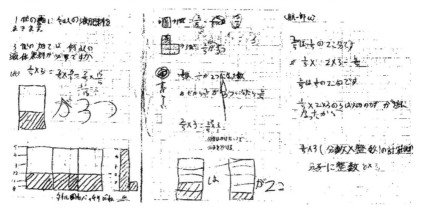

○K希くん……図を書いてそのことを式で表しているところがすごいと思います。そして、交流後のメモのとり方も的を得ていて、すばらしいです。こういうことができるようになったら勉強がますます楽しんじゃないかな、と思います。

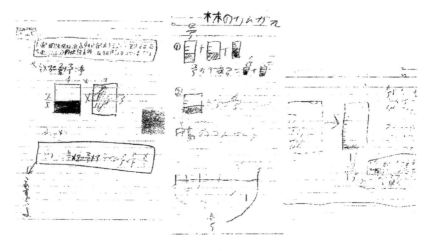

○H樹くん……どうして分母に3をかけてはいけないかを図できちんと説明しています。なぜいけないか、それはタイルの大きさが違ってしまうからなんですよね。

○Mアさん……K郎くんがよく分かるよ、っていた説明文です。このように文で書けることもとても大切だと思います。

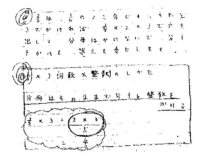

　今回のこの学習ですごいことは交流の時間に実にいろんな人と交流して豊かになっている子が多いことです。次号はその交流後のノートの充実している子を紹介します。

なかま

６年１組学級だより

　交流の時間中に交流しては分かったことを次々に書いていきました。そして、自分の考えを分かりやすく説明できるようにしていけた子たちがいっぱいいました。ここでは代表的な子のノートを紹介します。

○Ｍ葉さん

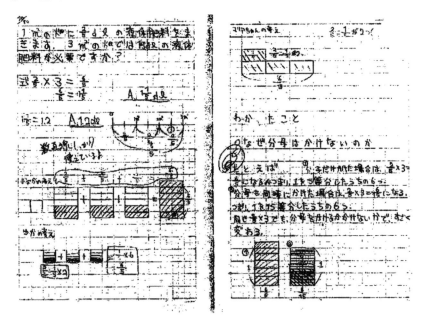

○M人くん

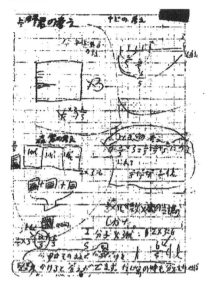

○K菜さん

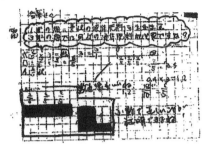

○R介くん（初めはふざけていたのですが、だんだん交流していくうちにしっかり考えられてきたんですね。）

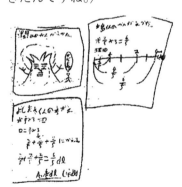

○Hさん

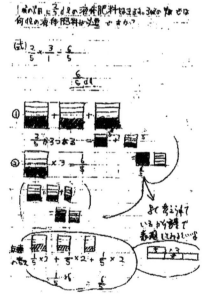

○Ｒ奈さん（言葉や式でちゃんと説明できているところが立派です。）

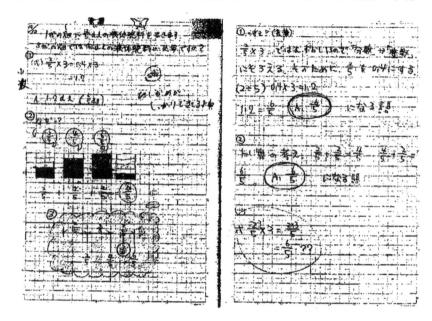

なかま

6年1組学級だより

　交流の学習後、12日（金）に全体で発表を聞きながらの学習をしました。そして、その時間の最後に分かったことを自分の言葉でまとめる時間をとりました。全員正しい計算の仕方を書くことができていました。パーフェクトな理解度です。

○T治くん……T治くんは一人で考えを持つ時から図でも数直線でもいっぱい考えを持つことができていました。私は言葉で説明できるといいよ。と書きました。交流の時間、一番大勢の友達と話し合っていました。そして、発表の時間後、このノートのように、短時間に自分の中ではっきりしたこと、納得できたことをまとめたのでした。学んだなあ……と思いました。

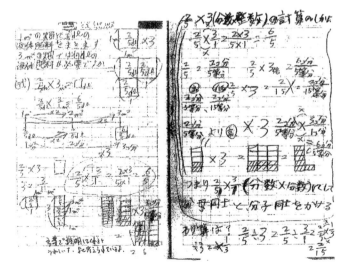

○S里さん……発表の時間、な
ぜ分子だけに整数をかけるかを
きちんとタイルの大きさという
言葉で説明できているところが
すごいです。タイルの大きさが
違ってはかけ算ではないのです。
だから、H樹くんが言うように
分母にかけてはいけないのです。

○R樹くん……欠席のY樹くん
がノートに書いていることをち
ゃんと理解して、書いていると
ころがすごいです。

○　H人くん……$\frac{2}{5} \times 3$の計算の仕方が
　分かった後で自分で$\frac{2}{7} \times 3$を図も書い
　て確かめているところがすばらしいです。

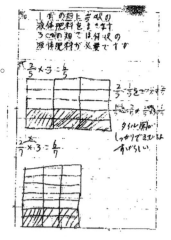

　　今日は分数×整数の問題を練習した後、分数×分数の計算の仕方を一人で考える時間とします。さあ、今度はどんな考えが出て来るでしょう。すごく楽しみです。

②分数×分数の授業

> 1㎡に$\frac{4}{5}$dℓのペンキをぬります。
> このペンキで$\frac{2}{3}$㎡をぬるとしたら、何dℓのペンキがいりますか?

式　　$\frac{4}{5} \times \frac{2}{3}$

・きっと自分の考えでこの計算を考えるのに時間がかかるだろうと予想していました。

・分数×整数の学習を生かして、タイル図を使う子が多く出て来るだろうとも思っていました。

・分数×整数のときより、数直線での考え方が前面に出せたら、次の学習につながるのではないかと考えていました。

なかま

　分数×分数の計算……考えました。

　19日（金）に$\frac{4}{5} \times \frac{2}{3}$の計算の仕方を一人ひとりがノートに考え方を書きました。これは難しい！

　今まではK哉くんがノートにきちんと書いてくれたように$\frac{4}{5} \times 2$のときに$\frac{4}{5} \times \frac{2}{1}$と計算したのだから考えて、この場合も分母は分母同士、分子は分子同士かければいいという考え方で、すぐ練習問題に取り組んでいたのですが……6の1は一人ひとりが強い人になってきているので、しっかりと考えられるようになっていました。やさしい方へ逃げてしまうような弱い子には、今取り組んでいる学習方法は過酷だと思います。それが、そうでなくなっているところが、すごいと思います。金曜日ノートを集めて見させてもらいました。すると、Aさん、K葉さん、H人くん、T斗くん、K希くん、R奈さん、G朗くん、K菜さん、Y将くん、K哉くん、T治くんのノートが分かりやすくまとめられていたので、月曜日、交流の時間の前に黒板にノートのコピーを貼って、紹介しました。

　そして、友達同士の教え合い、交流の時間が始まりました。K菜さんが、「数直線でまず自分で考えたいから、先生ちょっと来て」と交流をしないで、一人で考える時間を持ちました。いいよ、いいよK菜ちゃん！です。どうして、どうして？　分母×分母、分子×分子らしいのだけどどうしてどうして？　「先生、H野の考えは納得できるよ」と、自分のノートにM葉さんと交流してはっきり分かったことを求めたノート

を持って来て、説明してくれました。いいぞいいぞK郎くん！　20号
に書いたように、確かめの問題をやり始めたK太くんたち、ノートい
っぱいに友達に教えてもらったことを書いたM人くん、……そして、23
日火曜日、K樹くん、K菜さん、T斗くん、M葉さん、T治くん、K
太くんのノートをコピーしたものを黒板に貼って確かめの発表の授業を
しました。今回の全体学習での特徴は例えば、M晶くんが考えを話すと、
それを受けて、M葉さんが説明し足します。R介くんが司会役のよう
なことをして、進めていきます（本人は発表を聞いて、分かったことを
話して、また、聞いて……をしているのですが……もう先生は黙ってい
ればいいくらいの進め方でした）。そして、M葉さんが説明すると、そ
の説明を聞いて頭がはっきりした子が、拍手し、K郎くんが更に分かっ
たことを話します……そして、T治くんの式の変形の説明になると、え
っ、どういうこと？　えっ、もう一回！　と食いついてくるんです。私
は、これから学習する分数のわり算の計算の仕方を考えるときの様子が
目に浮かぶようで、ウキウキしてしまいました。分数のわり算の計算方
法を考えるのは、小学校の算数で一番難しいと言われています。大学で
も、分数のわり算の計算方法の考え方を述べよ、なんて問題が出される
こともあるのだそうです。きっと、6の1はまたまたワクワクしちゃう
ような様々な考え方が出て来ることでしょう。そしてまた、学び合いの
光景が広がることでしょう。あああーわくわくします。早く、分数×分数
の練習をして、わり算に進みましょう。

M晶くん

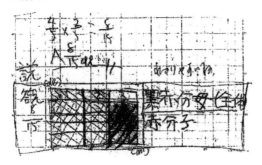

$\dfrac{2}{3}$ は３つに分けた２つ
分だから縦に３つに分けて、
２つ分のところが赤、全体
は縦５×横３にわけたから
15（黒）……ともう一度黒
板に図を書きながら説明し
てくれました。

K菜さん

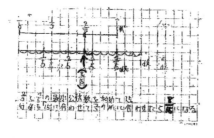

K斗くん

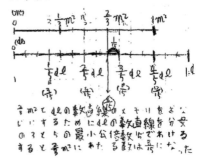

M葉さん

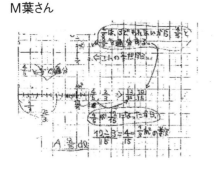

T治くん

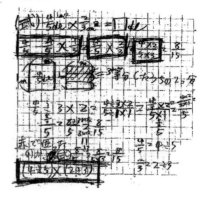

K太くん

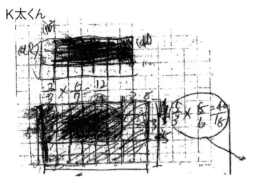

こういう問題もタイル図で解けるということは本当に分かった証拠です。

もう１度整理して書くと、

$$\frac{4}{5} = 4 \div 5 \quad \frac{2}{3} = 2 \div 3$$

$$\frac{4}{5} \times \frac{2}{3} = 4 \div 5 \times 2 \div 3$$

$$= \frac{4}{5} \div 3 \times 2 = \frac{4 \div 3 \times 2}{5}$$

$$= \frac{\frac{4}{3} \times 2}{5} = \frac{\frac{8}{3}}{5} = \frac{\frac{8}{3} \times 3}{5 \times 3} = \frac{8}{15}$$

　タイル図での考え方も数直線での考え方も予想していたものでした。が、Ｔ治くんのタイル図の考え方を式の変形で表しているのに、クラスみんなが初めは「えっ、なに？」という反応でした。私もすごい！！と感動しました。Ｔ治くんが繰り返し説明をしていくと、そこで分かった子が説明を加えてまた説明し……とほぼ全員が納得いくまで子どもたち同士ではっきりさせていきました。説明を深めていく中で、今まで学んだ計算で考えられるんだということを多くの子が実感したのでした。これで、きっと次の分数÷整数からは式の変形で考える子が出て来るだろうとな、と思いました。

③分数÷整数の授業

$\frac{4}{5}$dℓで3㎡の板がぬれるペンキがあります。
この板1㎡にぬるのには何dℓのペンキが必要ですか？

式　$\square \times 3 = \frac{4}{5}$
だから$\frac{4}{5} \div 3$

　これはタイル図で考える子はすぐ出て来るだろうと思いました。また、数直線とタイル図をつなげて考えられる子も多く出て来ると思いました。この二つで考えられれば、良しとすると思っていましたが、式の変形に挑戦する子も多く出て来るだろうと思っていました。

　実際の授業では……。
・黒板に問題を貼ると「1㎡分を出すんだから□を使うんだな」という
　声が聞こえました。「単位量あたりの大きさ」の単元で徹底して「1
　あたりの量×いくつ分＝全体」の式で文章題を表すことに取り組んだ

ので、こういう簡単な問題でも□× 3 ＝$\frac{4}{5}$の式から$\frac{4}{5}$÷ 3 の式を導く子が多くいてうれしくなりました。

・とにかく全員がノートに自分の考え方を書きました。

・きちんと文章で説明できるようになっている子も多く出て来ました。また、自分で考えた数字で確かめをする子や問題を出し合う子など、練習みたいなことも始まりました。交流しながら、分かりやすく発表するために装置をつくる子も出て来ました。

・ノートをコピーするのに付箋紙に名前を書いて貼っておくのですが、この付箋紙が張ってあるノートをうれしそうにしている子がますます多くなりました。自分の考え方に自信もありますし、それをみんなの前で発表することにも前向きになってきた証拠だと思います。

・代表的な考え方は　○具体物、折り紙で　○タイル図で　○数直線で（互除法で……　　÷ 3 ＝×の考え方で……）　○式の変形で。

なかま

６年１組学級だより

　美しかった、雄大だった、そして華麗だった日光の自然と文化遺産を満喫した修学旅行でした。往復のバスの中のクラス一つになってのバスレク、思いを素直に表したふくべ細工、公害のこわさを感じた足尾、やさしい気持ちになり、勇気をもらった富弘美術館……思い出がいっぱいになりました。

　さて、ぐんぐん成長している６の１ですが……分数÷整数の計算の仕方を考える授業が修学旅行前に終わりました。５日（月）に計算練習をしましたが、全員約分ありの計算まで迷うことなく解くことができました。そうなるのも当たり前です。全員が自分の考えをしっかり書き表すことができ、子どもたちの力で交流を初め、どんどん考え方を広げて、全員で納得する授業ができたのですから……。

（具体物：折り紙で考える）

> $\frac{4}{5}$dℓで3㎡の板がぬれるペンキがあります。
> この板１㎡にぬるのには何dℓのペンキが必要ですか？

　２人とも折り紙で考えてからタイル図での表し方へと進めているところがいいですよね。

M子さん

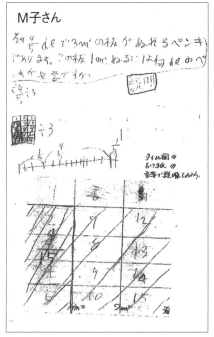

S里さん

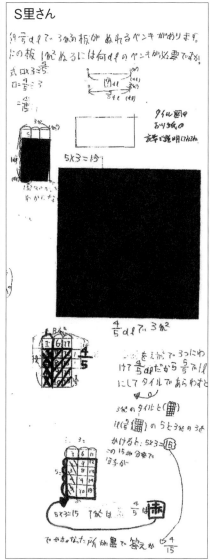

なかま

6年1組学級だより

（タイル図で考える）

　交流して考えを広げていっているのがよく分かる3人です。

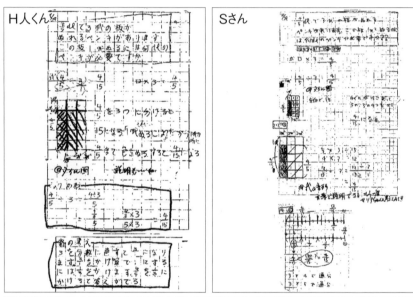

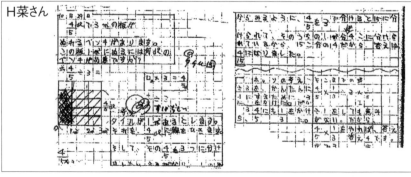

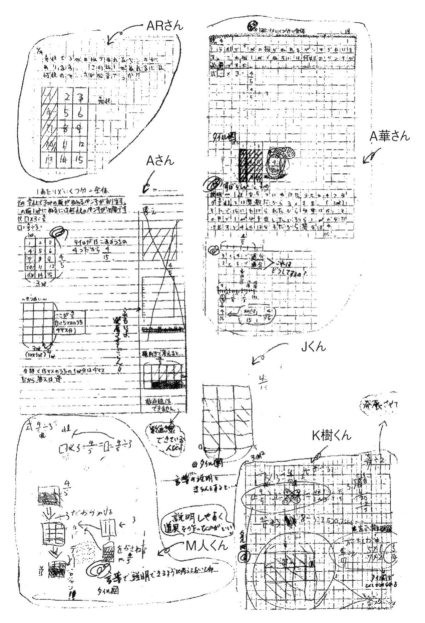

なかま

6年1組学級だより

（タイルで考える）

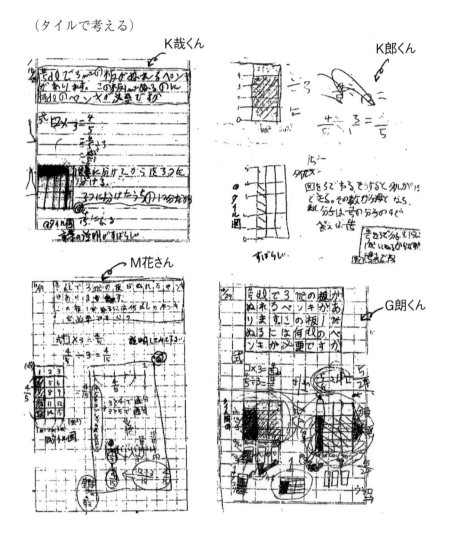

K哉くん

K郎くん

M花さん

G朗くん

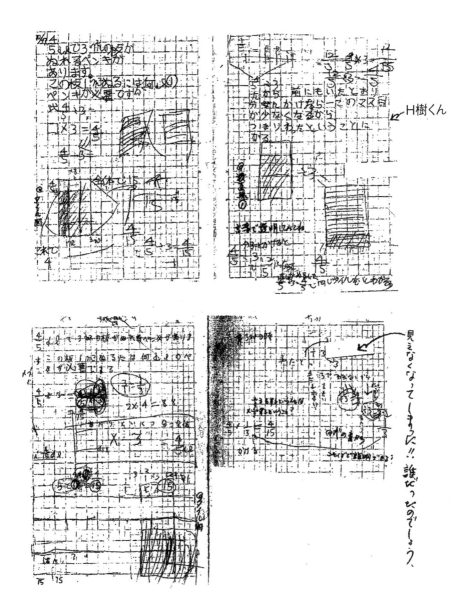

H樹くん

なかま

6年1組学級だより

（数直線で考える）

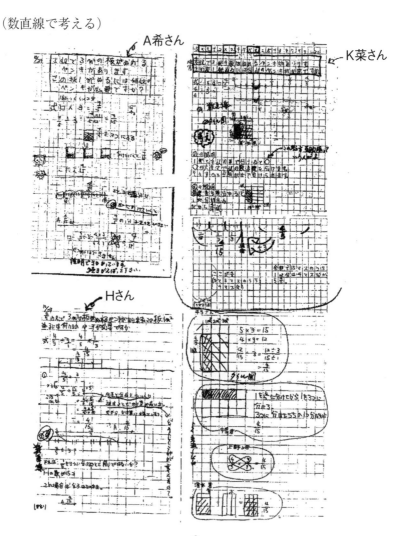

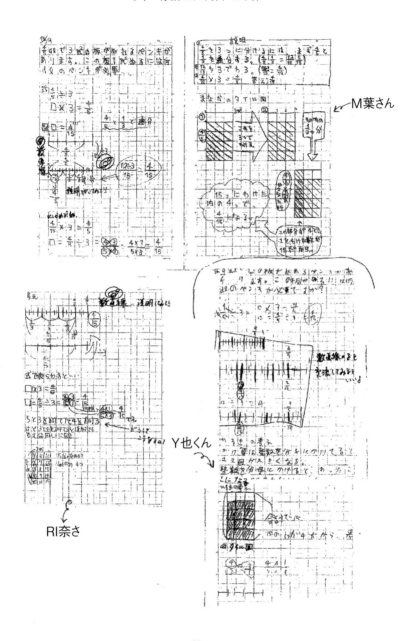

M葉さん

Y也くん

RI奈さ

④分数÷分数の授業

> $\frac{2}{5}$ ㎡の板にペンキをぬるのに $\frac{3}{4}$ dℓ 使いました。
> 1㎡の板には何 dℓ のペンキが必要ですか？

式　$\square \times \frac{2}{5} = \frac{3}{4}$
だから $\frac{3}{4} \div \frac{2}{5}$

　この計算の方法を考えるのはとても難しいと思います。

　でも、この段階になるとタイル図で考える子、数直線（互除法）で考える子、式の変形で考える子と、どの子も自分のやり方で自分の考えをしっかり持てるだろうという予感もありました。また、できればタイル図と数直線と式の変形の考え方がつながっていることを印象づけるような授業をつくれないか、と考えてもいました。

　実際の授業は……。

　1〜3時間目の授業の様子は、なかま28号の通りです。もう子どもたちはこの授業の展開の方法を身につけていて、自分の考えをもってノートに記録できると交流できそうな子を探します。まだ、自分の考えを持っていない子には声をかけないのです。なんだかすごいことだと思いました。そして、自分の考え方に自信の持てない子は1人で粘って考えた末に、交流して自分の考えを確かめていきます。その粘りも強くなったように思います。交流がしっかりできるようになったので、全体での時間は確かめの傾向が強くなりました。

　しかし、M人くんの折り紙を使っての $\frac{2}{5}$ の $\frac{5}{2}$ 倍が1という説明から、タイル図のAさんの考え、式の変形のR奈さんの2の考え、Mアさんの考え、R介くんの6ページ目の考え方がM人くんの考えにつながっ

ていることを発見し、盛り上がりました。みんなバラバラな考え方ではなく、つながっているんだということがはっきり授業できたのでした。

加藤　じゃ、発表に入るよ。一人ひとりきちんと考えが書けているのが当たり前になっている6の1のみんななんだけどね、昨日わざわざ学校に来て画用紙にまとめて書いてくれたA華ちゃんとAちゃんとK菜ちゃんとM子ちゃんとM晶くんとM葉ちゃん、R奈ちゃん、Mアちゃん、それからM人くんに発表してもらうね。A華ちゃんとAちゃんが休んじゃったから、先生の方で2人の説明文を読むね。

　と言って、A華さんの説明文を読みました。すると、H人くんが「オレと同じだ」と、言いました。じゃあ、H人くんが説明するともっとわかりやすいかも……と、K郎くんが言いました。「そうね、じゃあ、Aちゃんの考え方を説明したら、H人くんにしてもらおうね。ちゃんとH人くんのノート、コピーしてあるんだな」「えっ、コピーしてあるの。すごいね」すると、Hちゃんが「先生はなんでもお見通し」と、言いました。それから、Aさんの説明文を読みました。

加藤　Aちゃんの説明を読むよ。まず、$\frac{2}{5}$㎡で$\frac{3}{4}$dℓ使うのでそこを塗ります。それを1㎡分に増やします。1dℓのところを見ると$\frac{6}{8}$になります。青と黄色を合わせて数えると15マスなので$\frac{15}{8}$になります。右の図は$\frac{6}{8}$をもとに、いちいち数えるのではなくて、$\frac{6}{8}$＋$\frac{6}{8}$＋$\frac{3}{8}$と考えて全部で$\frac{15}{8}$と考えた図です、って書いてあるけど、いいかな？

R介　$\frac{6}{8}$＋$\frac{6}{8}$＋$\frac{3}{8}$ってどういうこと？

R奈　（図を使いながら）ここで$\frac{6}{8}$ここ
　　　でまた$\frac{6}{8}$それからここは半分の
　　　$\frac{3}{8}$ってことだと思うよ。

子どもたち　そういうことかあ、分かっ
　　　た。

加藤　よく交流できていたから、ちゃ
　　　んと替わって説明できちゃうね。
　　　じゃあこれからみんなでの授業の
　　　始まり。H人くんからね。

H人　$\frac{2}{5}$㎡のときに、$\frac{3}{4}$dℓのペンキが
　　　必要だという図を書くと1dℓを
　　　8等分している。そして、1㎡で
　　　は15マスのペンキが必要なので
　　　答えは$\frac{15}{8}$dℓになる。

子どもたち　いい。よく分かる。いっ
　　　しょだ。

加藤　次は数直線の考え方ね。まず、
　　　ずっと数直線にこだわって考え
　　　ているK菜ちゃんだね。

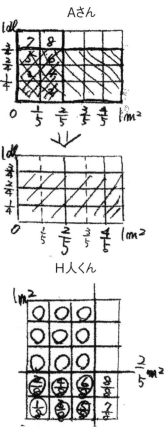

K菜　$\frac{3}{4}$と$\frac{2}{5}$のところを合わせて数直線を書きます。で続けて数直線
　　　を延ばします。1㎡と$\frac{7}{4}$との差の大きさを見ると○の部分が残っ
　　　ちゃうからその大きさで分けてみると$\frac{1}{4}$を半分にした$\frac{1}{8}$だから、
　　　その大きさで線を引いて数えると15目もりあるから$\frac{1}{8}$が15だ
　　　から、答えは$\frac{15}{8}$。

加藤　互除法っていう考え方だよね。K菜ちゃんは分数×分数のときか
　　　らずっとまずはこのやり方で解いてきたんだよね。どう？　何か

K菜さん　　　　　　　　　　　　M子さん

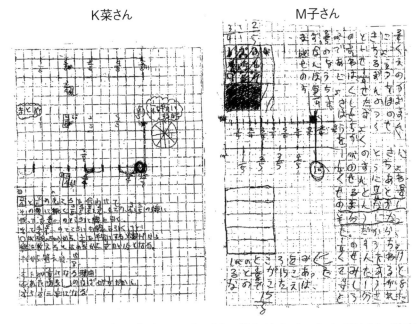

　ある？　でね、今までタイル図で考え始めていたんだけど、数直線で考えられるか挑戦、って言ってたM子ちゃんの数直線の考え方の説明がすごく分かりやすいんだよ。M子ちゃん、みんなに話してみて。

M子　まず、$\frac{2}{5}$㎡のときに$\frac{3}{4}$dℓなので、数直線の目盛りを合わせる、これがきちんとできてないとダメなところ。上の方には$\frac{1}{4}$ずつの数直線を書き、下の方に$\frac{1}{5}$ずつの数直線を書く。1㎡の時に$\frac{1}{4}$の数直線の目盛りを見ると、$\frac{7}{4}$と$\frac{8}{4}$の真ん中、半分の大きさのところに合うことが分かった。だから$\frac{1}{4}$の数直線をこの半分の大きさで分けてみると、$\frac{4}{4}$（1）が8等分されていて、1㎡のところを見ると$\frac{1}{8}$が15個あったので、答えは$\frac{15}{8}$ってことが分かった。

子どもたち　おっー、よく分かる。1との差で考えていくやり方だね。

K郎　K菜ちゃん、ずっーとこの考え方でやってるねえ。この考え方、
　　　なんでもいけるかも。

K樹　M子ちゃんの説明で、頭がすっきりした感じ。サンキューね。

加藤　T斗くんも数直線で何でも考えられるようになったんだよね。

T斗　ウン。（はにかんだ感じで、答える）

加藤　で、今度は式の変形だよ。先生の予想していた以上のやり方が出
　　　て来て、すごくびっくりしたよ。みんなにはかなわないなあって
　　　感じ。まずは、M晶くんね。

M晶　で、この考え方で他の問題を解
　　　いてみてもちゃんと解けるんだ
　　　よ。

加藤　どう、M晶くんの式の変形の
　　　考え方、OK？　分かる？

子どもたち　（強くうなずく）

H菜　3でわるときと同じ考え方で、
　　　やってるんだよね。$a \div b = \dfrac{a}{b}$ を使ってるんだよね。

子どもたち　　そうそう。同じ考え方でこの問題もできるってこと。

加藤　そうね。次はM葉ちゃん。

M葉　私の式の変形はHちゃんと交流して、まとめたんだけど……。前、
　　　考えた通分のやり方で考えていたから、分かりやすかったんです。

　M葉ちゃんが説明すると、Hちゃんの顔がぱっと変わりました。そうか、
私の足りないところがM葉ちゃんのノートの中には書かれていたってこ
と、と発表後言いました。

H　　今、M葉ちゃんの発表を聞いていて分かったんだけど、私の考え

M葉

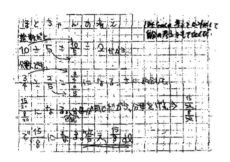

Hさん

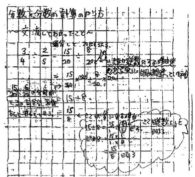

方には分母の20を消すところの説明が書かれてなかった。わかった。

G朗　どういうこと？

H　　$\frac{15}{20}$の分母の20を消すために×20をするっていうところを抜かして考えていたから説明足らずだってことが分かった。

M花　私も分かった。Hちゃんと交流して$\frac{15}{20} \div \frac{8}{20} = \frac{15}{20} \times \frac{20}{8} = \frac{15}{8}$ってすごいって思ったんだけど、今のM葉ちゃんの発表で分かった。分母を消すってこと。

T治　この式の変形は考えてなかったなー。

加藤　それで、次はR奈ちゃん。もう式の変形のスペシャリストだよ。1の方はM葉ちゃん、Hちゃんたちと一緒だから、2の方を発表

R奈

してね。

R奈　この考え方はわる数が$\frac{2}{5}$だから計算できないんだから、これを1にしちゃえばいいという考え方です。$\frac{2}{5}$を1にするには$\frac{5}{2}$をかければいいので$\frac{2}{5} \times \frac{5}{2}$とします。$\frac{3}{4}$にも$\times \frac{5}{2}$しないと平等でないので$\frac{3}{4} \times \frac{5}{2} = \frac{15}{8}$となって、$\frac{15}{8} \div \frac{2}{5} \times \frac{5}{2}$になって、$\frac{2}{5} \times \frac{5}{2}$は1だから答えは$\frac{15}{8}$になります。

K郎　逆数をかけるっていう予感の裏づけができたな。

加藤　そう？　じゃあ、今度はMアちゃんね。

Mア　私のやり方は$\frac{2}{5}$を整数にしようというやり方です。$\frac{2}{5}$に5をかけると2になって、$\div 2$はもうできるから、$\frac{3}{4} \times 5 \div \frac{2}{5} \times 5 = \frac{15}{4}$ $\div 2$逆数をかけて、答えは$\frac{15}{8}$になります。

Mア

子どもたち　　いいねえ。納得！

加藤　じゃあ最後にM人くんだね。

M人　ぼくは、$\frac{2}{5}$㎡で、$\frac{3}{4}$dℓ使う。で、1㎡あたりどれだけ使うかっていうんだから、$\frac{2}{5}$を何倍したら1になるのかなっと、折り紙で考えました。すると2倍と半・$2\frac{1}{2}$倍で1になることが分かりました。$2\frac{1}{2}$は$\frac{5}{2}$だから、$\frac{3}{4}$にも$\frac{5}{2}$倍すれば1㎡で使う量が出せます。$\frac{3}{4} \times \frac{5}{2} = \frac{15}{8}$になります。

M人

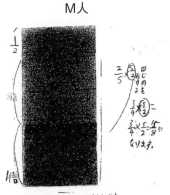

加藤　どう？ $\frac{5}{2}$ をかけるわけを分かりやすく説明してくれたんだけど。

子どもたち　すごくよく分かる。一番簡単だけどよく分かる。単純な図だけどよく分かる。

R介　なんかR奈ちゃんの式の変形と似てない？

T治　$\frac{2}{5}$ に $\frac{5}{2}$ をかけて1をだして、だから $\frac{3}{4}$ にも $\frac{5}{2}$ をかけるというのを、分かりやすく説明したんじゃない？

子どもたち　えっ？

R介　そうだよ。M人くんは $\frac{2}{5}$ ㎡を1㎡にするために $\frac{5}{2}$ 倍を見つけたでしょ。R奈ちゃんは $\frac{2}{5}$ を1にするために $\frac{5}{2}$ をかけた。だから、1にするために2人とも $\frac{5}{2}$ をかけたって言うんだから、同じなんだよ。R奈ちゃんの考えをM人くんが折り紙で証明したんだよ。2人は同じ。

K郎　そうかあ。同じだねえ。

加藤　どうかな、二人の考え方は同じ、ていうことでいい。表現の仕方が折り紙かタイル図か式の変形かっていうことで、考えの基は同じだったんだね。他に同じって考え方ない？

R奈　あのさあ、Aちゃんのも同じじゃないかなあ？

加藤　どうして？

R奈　あのー、$\frac{6}{8}+\frac{6}{8}+\frac{3}{8}$ のところで、$\frac{2}{5}$ の分 $+\frac{2}{5}$ の分 $+\frac{1}{5}$ の分を計算してるんでしょ。（えっ？）1㎡で使うペンキの量を出すのに $\frac{2}{5}$ ㎡の分を2回足して、そしてその半分の量を足しているんだから、2回と半で同じ感じじゃないかな？

子どもたち　おー。そうかもよ。ちょっと待って。そうか、そうか。Aちゃんのとも同じ考え方かー。ちょっと面白いかも。

加藤　そうかあ、Aちゃんのタイル図ともつながっているんだね。$\frac{5}{2}$ 倍するってことでね。もうないかね？

K郎　Mアちゃんのも同じじゃない。だって初め5をかけてそれから2でわるんでしょ。つまり$\frac{5}{2}$倍したことにならない？　$5 \div 2 = \frac{5}{2}$でそれをかけるんだから。

子どもたち　そうだねえ。みんな同じところがもとになってるんだね。数直線のK菜ちゃんたちのも同じって言えるの？

加藤　数直線の考え方はどうかねえ。$\frac{1}{4}$の目もりを半分・$\frac{1}{2}$にして、$\frac{1}{8}$の目もりにしたんだよねえ。$\frac{1}{5}$㎡の3目もりを5倍すると1㎡だものね。2でわって5倍するだから同じって言えるのかも知れないねえ……。それでね、今日の最後にR介くんのノートを見てほしいのよ。これなんだけど……6ページに渡ってこの問題の考え方がいろいろ書かれているんだね。で、いろんな子と交流していて、やっと自分が漠然と考えている考え方がはっきり説明できるようになった過程が分かるノートになってるわけ。こういう算数のノートはいいなあって、感動しちゃったので、紹介するね。で、今の$\frac{5}{2}$倍の考え方ともつながっていることが今、先生にも分かったんだよ。ちょっと、R介くん、説明してくれる？

R介　この6ページ目の考えを言えばいんでしょ。（そう）ぼくも、今聞きながら、$\frac{5}{2}$倍するっていう考え方につながるなって思ってた。ぼくは$\frac{1}{5}$で考えました。$\frac{2}{5} \div 2 = \frac{1}{5}$　$\frac{3}{4} \div 2 = \frac{1.5}{4}$で、ぼくはまず、$\frac{1.5}{4}$を整数にするために分母分子を2倍します。$\frac{2}{2}$をかけるんだから、1をかけたのと同じだよ。$\frac{1.5}{4} \times \frac{2}{2} = \frac{3}{8}$。それで$\frac{1}{5}$㎡を5倍したのが1㎡だから、

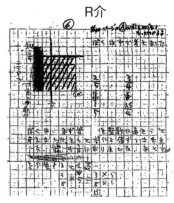

R介

$\frac{3}{8} \times 5 = \frac{15}{8}$ になるっていうわけ。初め2でわってそれから整数化して5をかけるんだから、やっぱり $\frac{5}{2}$ 倍してるってわけ。だから、分数÷分数＝ハイ、みんなで言ってみましょう、ハイ、「逆数をかければいい」んですね。

加藤　そういうことね。じゃあ、席に戻ってノートを整理してね。

授業を終えて（ノートを見ながら考えたこと）

R介くんのもの　分数÷整数では、ノートを提出できませんでした。きちんとした自分の考えが持てなかったし、交流でも納得できなかったからです。しかし、この子が全体で学び合うとき、必ずと言っていいほど、疑問を出し、意見を述べ、進行役のようなことをやる子です。今回は自分できちんと考えを持ちたいと欲したんだと思います。じっくり考え、それを表し、自分で納得したら交流し、また、1人でじっくり考え交流し、と、交流することで自分の考えの正しさを確かめて進むことができました。感動的な変化だと思いました。すごくうれしい変身でした。

2人目　R奈さんのもの　この子のノートはずっと通分とわり算になってからは式の変形（割る数を1にする）考えで表されていました。自分の今まで考えてきたことをぶれずに様々な問題で試してみるという姿勢がいいと思いました。思いつきで解いているのではないという証拠のような気がします。

3人目　Mアさんのもの　この子はほとんど必要以外のことは学校では話しません。話したとしても小さな声でつぶやく程度です。この算数の授業でも今までは交流の時間は自分の席に座って、誰とも話しませんでした。それが、今回、2人の女の子と交流していて、そのことをきちんとメモしていました。この子にとって、すごい成長だと思い

ます。この子の世界に他人が入っても平気……って変わったんじゃないかと思います。その後、ポツンとロング休み時間に1人で教室で過ごしていたこの子が、女子と連れ立って男子と一緒にサッカーをし出しました。まだ2日ぐらいのことですが……。

4人目　T治くんのもの　この子は優秀な子です。ずっとさっと考えを様々に出し、交流の時はいつも教え役みたいな存在でした。その子が、M晶くんの考えと言って、学んでいるところが、うれしいところでした。M晶くんは、それまでT治くんが考えていた一つのやり方、式の変形で解いてみたいと思ったから、やってみたのだそうですが……そういうお互いの認め合いができることもすばらしいと思いました。

などと、感じながら子どもたちの中で一緒に$\frac{3}{4} \div \frac{2}{5}$の計算の方法を考えている私がいました。授業後毎時間ノートを集めて見ていくと、子ども一人ひとりの成長が手に取るように見えてきました。交流することで本当に自分の考えが強くなったり、深まったり、広がったりして、たくさんの子と交流すればするほど、考え方がはっきりしてきて、頭が整理されて行っているのが分かりました。子どもたちの力で知識を獲得する授業ができたな、と思います。教師の私の仕事は交通整理だけです。

子どもたちの変化

2か月にわたる分数の乗除法の学習で、クラス全員が自分の考えを必ず持てるようになりました。加減法のときは、自分の考えが持てなくても交流することを許可しました。一人ひとりがまだ弱くて、自分の考えを持てるまで頑張らせると、算数の面白さを感じる前に授業から心が離れてしまう子が出て来ると感じていたからです。今回は自分の考えが持

てるまで絶対交流はさせないようにしようと決めていました。なぜなら前単元の「単位量あたりの大きさ」での様子や運動会での一人ひとりの動きから、頑張らせても大丈夫という自信みたいなものがあったからです。否、交流を早く許しても、きっと自分の考えが持てるまでは動き出さないだろうとも感じていたからです。

　図で考えていた子がだんだん数直線で考えるようになったり、式の変形の楽しさにはまったりと、一人で考え方を広げていく子がたくさん出て来ました。また、逆に自分の得意な考ええ方が見つかり、自分の考えを持つのに時間のかからなくなった子も多く出て来ました。特に式の変形では、前学年までに学習したことを活用して考えていくことが多く見られ、私が予想して考えていた以上の式の変形の方法が出て来て、今までの計算学習のまとめのような位置づけで学習が進んでいきました。

　テストの結果は市販テスト 250 点満点中で平均は 233 点 93％ の出来でした。また、自習の時間に計算練習 100 題（プリント 5 枚）を出したところ 27 名（クラスの 75％）が 1 時間（45 分）で解き終わることができていました。

　また、学校一斉のアンケートで学校で楽しいことの理由に算数の授業を挙げている子が半数を超えていて、"あの算数嫌いな子たちが……"と大きな変化を見せてくれました。冬休み前のまとめテストの裏面の振り返り欄で受験を予定している T 治くんが「塾ではやり方しか教わりませんでした。みんなと学習して解き方の基が分かってすごく楽しかった」と、書いていました。

　1 年生からずっといじめられっ子だった K 哉くんが卒業文集に書いていました。6 年生になって変わったこと No.1 行動が速くなった、No.2 友達ができた、No.3 漢字テストで 100 点をとれるようになるほど覚えるのが速くなった、No.4 算数を考えるのが楽しい……と。

　12月中旬6年生でリサイクル活動に取り組みました。新聞紙や雑紙、ダンボール、牛乳パック、アルミ缶の回収に取り組んだのですが、この活動で6の1の子たちの行動の速さに驚きました。朝、8時から30分間、まず回収物の受け取りをするのですが、新聞紙の中に雑紙が混じっていたり、アルミ缶の中にスチール缶が混じっているのを取り除いたりして、一つひとつ点検をして倉庫に入れていく作業で、本当にてきぱきとよく動くのです。子どもたちの連携もすごく良くて、あっという間に整理されていくのでした。K哉くんが書いているように、行動が速くなったのです。12月最後の日の大掃除でも隣のクラスの廊下まで手を伸ばして働いていますし、トイレ掃除も徹底してぴかぴかにしています。子どもたちの成長は確かです。でも、まだ注文をつけている私でもあります。子どもたちは先生が黙ったら最後だよ、なんて言ってあっけらかんと楽しみながら生活しています。

な か ま

6年1組学級だより

　3週間前から私の手元にあった分数÷分数の学習の記録をまずお家の方に紹介したいと思います。この記録で6年生の最大の難関・分数の乗法と除法の学習の様子を全てお家の方々にお知らせすることになります。そして、それらの記録を見ていただくと、6の1がいかにしっかり考え、自分たちで知識を得ることのできる集団になったかが、お分かりになると思います。先日全校一斉に行った子どもたちの生活アンケート調査で学校が楽しいという回答の理由に「算数の授業・勉強が楽しいから」と書いている子が大勢いて、うれしくなりました。6年生当初、「算数大嫌い！」の声いっぱいのクラスが、算数が楽しいに変わったこと、やったあーと叫びたい気分です。

　では……$\frac{3}{4} \div \frac{2}{5}$ の授業の始まりはじまりーです。

　もうこの頃（11月8日頃）になると、一人ひとりの考え始めるパターンが決まってきていました。折り紙で考え始めるS理さん、K樹くん、M子さん、図で考え始めるたくさんの子、数直線はT斗くん、M葉さん、K菜さん、式の変形はR奈さん、T治くん、Mアさん……といった具合です。しかし、この問題は難問、今までの問題のようにすらすらとは答えが出て来ません……「えーどうなるんだあー」「わからなーい」「どうなるの？」「タイル図がかけないよー」と、騒然となりました。そして、K郎くんの席の辺りから、答えは $\frac{15}{8}$ になるらしいという情報が流れました。すると、「えっ、$\frac{15}{8}$？」自分の考え方でもそうじゃないかな、

と思っていたけど、よかったんだあという空気が教室に流れ始め、一人
ひとりがじっくり考える無言の時間が15分近く流れました。そして、1
時間目の残り5分間は友達同士の交流の時間になっていました。この時
間の後にノートを集めて全員の考えを調べてみると、

・タイル図で考えているのは、H人くん、S里さん、Aさん、H菜さん、
　Hさん、R樹くん、Y也くん、A華さんたち。

・数直線で考えている子は、K菜さん、T斗くん、RI奈さん、M花さん。

・式の変形で考えている子は、R奈さん、Mアさん、G郎くん、M晶くん、
　T治くん、M葉さん、K哉くん、T将くん、R介くん、K郎くん、R
　くん。

・折り紙で考えている子は、K樹くん、M人くん。

と、分かりました。でも、まだ、困っている子もいるので、もう1時
間、交流も入れていいから自分の考えを持つ時間にしました。自分の考
えがまとまった子は交流をしながら自分の考えを深めたり広げたりして
いく、自分の考えがまだまとまらない子はじっくり考えたり、交流でヒ
ントをもらって、また考えてみるという時間を持つことにしました。そ
して、またノートを集めて見ることにしました。

　2時間目の後半には、教室のあちこちで交流が始まっていました。そ
して、ノートを集めて見させてもらうと、交流で自分の考え方をはっき
りと自信を持って表せるようになっている子、交流することでたくさん
の考え方が分かって、分数÷分数の計算の仕方を納得できた子、そして、
一応は自分の考え方は持てていたのだけれど、なんかすっきりしていな
かったのが交流することで、本当に納得いく自分の考え方に強められた
子というように充実した時間が持てました。

　3時間目は2時間目の交流の続きをしたいという多くの声で、交流の
時間にしました。ほぼ考え方が出て来ているので、どうしようかなとも

思いましたが、リクエストに答える形で交流の時間にしました。結果的にはこの時間を取ったことはよかったと思いました。なぜなら今まで以上に交流の輪が広がり、何人とも交流して考え方を広げられた子や強められた子、言葉での説明をていねいに書ける子がすごく増えたのでした。

　そして、11月15日（木）の全体学習の時間を迎えました。

　まず初めに発表してもらおうと考えていた、県民の日の休日（11月14日）にわざわざ学校に来てくれて、画用紙に分かりやすく書き改めてくれた、AさんとA華さんがそろって、15日に発熱で休んでしまいました。二人は図で分かりやすく表し、説明もばっちりできていたので、残念でした。（余談ですが、県民の日、卒業制作の校歌パネルの準備のために学校で作業をしていると、ARさん、A希さん、S里さん、RI奈さん、そしてAさん、A華さんが学校に来て、作業を手伝ってくれたり、算数の準備をしてくれたのでした。大助かりでした）

A 華さん

　まず、1dℓ を4つに分けた3つ分を使います（$\frac{3}{4}$）。

　1㎡に使う量を出すから$\frac{2}{5}$だから$\frac{1}{5}$の大きさに分けます。

　すると15ますに分けられます。1dℓ のときを見ると$\frac{1}{8}$の大きさに分けていることが分かります。1㎡では$\frac{1}{8}$が15マスあるから答えは$\frac{15}{8}$になります。

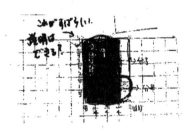

Ａさん

　まず、$\frac{2}{5}$㎡で$\frac{3}{4}$dℓ使うそこを塗り
ます（紫）。それを1㎡分に増やしま
す（ピンクの線で囲んであるところ）。
1dℓのところを見ると$\frac{6}{8}$になります。
青と黄色を合わせて数えると15マス
なので$\frac{15}{8}$になります。右の図は$\frac{6}{8}$を
もとにいちいち数えるのではなくて
$\frac{6}{8}+\frac{6}{8}+\frac{3}{8}$と考えて全部で$\frac{15}{8}$と考えた
図です。

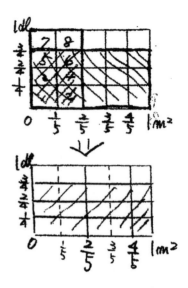

な か ま

28号の続きです。H人くんから実際の発表は始まりました。

H人くん

$\frac{2}{5}$ ㎡のときに、$\frac{3}{4}$ dℓのペンキが必要だという図を書くと1dℓを8等分している。そして、1㎡では15マスのペンキが必要なので答えは$\frac{15}{8}$dℓになる。（この完璧な説明にみんな納得！いいの一言）

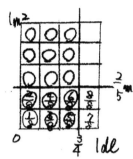

A菜さん　　　　　M子さん

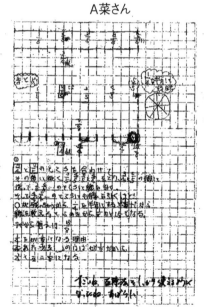

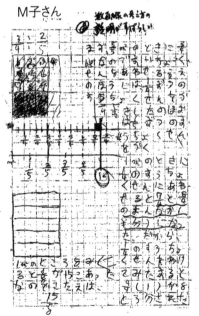

　ここからの発表は式の変形のさまざまな考え方です。

M晶くん

　M晶くんはこの考え方を確かめる
ために問題を自分で考えて、確かめる
のに交流の時間を使っていました。一
人で黙々と確かめている姿が印象的で
した。

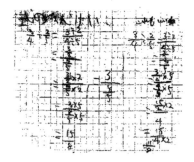

R奈さん

　R奈さんは式の変形の面白さを知っ
た分数の授業になった子です。どうし
たら今まで学習した方法を使って新し
い計算方法を見つけられるか、と様々
に考え、広がっていく姿が印象的でし
た。

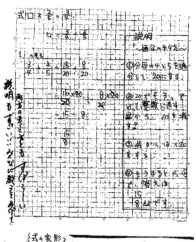

M葉さん

　Hちゃんの考えと書きながらHちゃんの考えを自分なりに深めているところがいいと思いました。この発表を聞いてHさんは自分の考え出した考え方を更に深めてまとめのノートを書くことができました。本当の学び合いのできた2人でした。

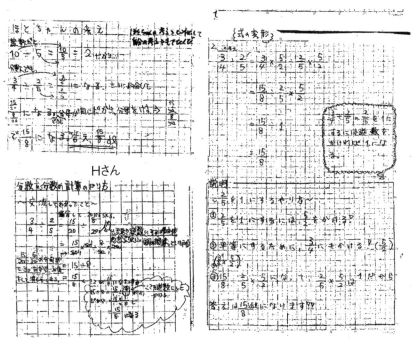

な か ま

6年1組学級だより

29号の続きです。

Mアさん

　Mアさんは分数÷整数の学習のとき
に考え出した分数を整数にして計算する
という考えを発展させた式の変形を考え
ていました。そして何よりうれしかった
のは、Mアさんが交流できたことです。
なかなかお友達と交流するのが自分でも
苦手だと言っているMアちゃんが2人

のクラスメイトと交流して、そのことをきちんと表していて、この学習
方法をとってよかったと思いました。

M人くん

　M人くんはいろいろな装置を作って
考え方を分かりやすく表現するのが得意
になりました。今回もどうして $÷\frac{2}{5}$ が
$×\frac{5}{2}$ になるのかを、折り紙を使って説
明してくれました。これにはみんな納得
逆数になるわけがグッとみんなのものに
なった発表でした。

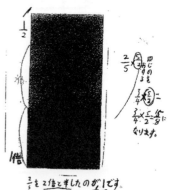

R介くん

　このR介くんのノートには感激しました。全部で6ページ使っています。前の学習分数÷整数の学習まで、ちょっとのりの悪かったR介くんでした。私はその様子を見ていて、R介くんは一応は考え方を納得させてこの学習まで進んできてはいるものの、心底自分で納得！と飲み込むまでの納得をしていないんだろうな……と思っていました。R介くんが必死になって考えなくても“ああーそういうことかあ”って考えられてきてたんです、きっと、前の学習までは。でも、この分数÷分数は真けんにならざるを得なかったんです、だって、6年間で一番考え方を理解するのが難しい計算なんですもの。その結果、6ページに渡る思考の経過が書かれていて、最後の6ページ目のすっきりした図での表現になったのだと思います。新しい物を手に入れるのはそんなに容易なものではありません。努力も必要だし、しつこさも必要だし、あきらめない心の強さも必要です。算数を通してこういうことも学習しているんです

１ページ目	２ページ目

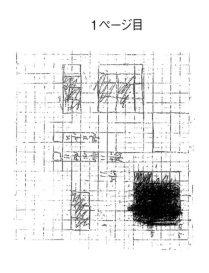 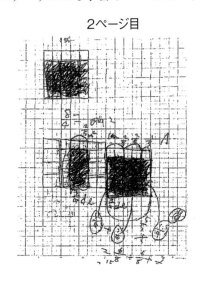

よ、6年1組では。そんなことを感じさせてくれるノートに心が震えました。スマートに生きるより私は不器用でいいから着実に生きる人に6の1の人たちにはなって欲しいと思っています。

3ページ目　　　　　　　　　4ページ目

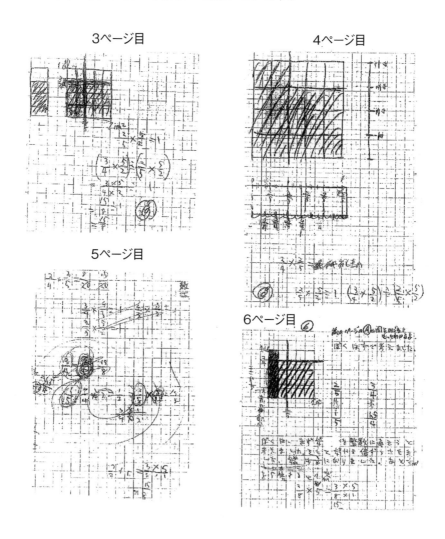

5ページ目

6ページ目

な か ま

6年1組学級だより

M花さん

　交流の後がすごく分かるノートにな
っていると思います。交流しては自分
の考えを広めていっているのがよく分
かります。こういうノートを作れるよ
うになったM花さんは、最近毎日計
算ドリルの自主学習をしてきて、その
とき、解くために考えた思考の過程を
しっかり文章で表現するのを続けてい
ます。すばらしいです。算数は計算も
大切だけれど、言葉や図を使って自分
の考えを表すこともすごく大切なので
す。そういう学習を続けているM花さ
んに成長しています。今のところこう
いう学習ができているのはM花さん1
人だけです。

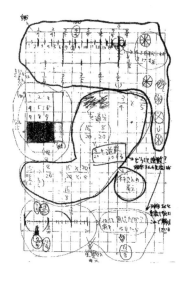

M人くん

　分数の活用の問題で、時間を分に分
を時間に換算する問題の時のノートで
す。図を書いて確かめています。短時
間にこういう確かめの図が書けるよう

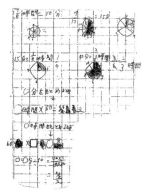

になったM人くんです。すごいことです。力をつけたな、と実感した
ノートです。

1年間の取り組み

はじめに

　冬休みに開かれた第51回合同宿泊研修会の都留文科大学の音楽棟のホールで、ベートーヴェン作曲／近藤幹雄編曲の「歓喜の歌」の合唱の伴奏をしながら、私は密かに（今年度の私のクラスの子にこの歌を歌わせたい。難しいことは分かっている。でも、この歌を歌うのに値するくらい、この子たちは今までで一番変化し、成長し、私を信じて付いて来てくれた。クラシック中のクラシックの曲、難しいだろう。でも、今年の子なら絶対、この曲を真正面から感じ、楽しんで歌ってくれるに違いない。）と、思ってピアノに向かっていました。

　音楽からずっと遠ざかっていました。その理由は私が音楽の授業ができないことが大きいのですが、少し言い訳がましく言うと、多くの先生方が良しとされている、あの自分を殺したような頭声発声と言われる気持ち悪い歌声と戦うのが面倒くさくなってしまっていたことと、子どもたちの周りに溢れているムード的なメロディーと歌詞の歌を楽しいと感じている感覚を、私が歌わせたいと思う歌を楽しいと感じる感覚に変化させるエネルギーが私の中などで今年度ほどわいてこなかったことがあります。と言っても校内音楽会では今までも、「大地讃頌」だったり「荒城の月」だったり「モルダウ」であったり、昨年度の4年生でも「みんなで行こう」を歌ったりしてきました。どの年も子どもたちは思い切り自分たちを出そうと一生懸命歌いました。でも私はなぜか子どもたちが

私に付き合ってくれているような、すっきりしない物が残りました。（先生、本当はね、私たちも調子のいい、今流行の格好良い曲歌いたかったんだよ。）って、言いたいんじゃないかな……と、子どもたちを見くびっていて、乗り越えられなかったのです。

　今年度の子どもたちも、6月に行われた校内音楽会では「ほろほろと」に取り組みました。聞きに来ていた保護者や評議委員の方々に「涙が自然と流れていました」「感動しました」と、声をかけていただきましたが、何よりうれしかったのが、子どもたちが本当に「ほろほろと」が好きになっていたことでした。私に付き合って歌っているのではない、という感覚が私に伝わってきました。

　この子どもたちに4月に出会ったとき、私は、一言で言えば「質が悪い」と感じてしまいました。質が悪い？　……どうしてそう感じてしまったのか？　と聞かれると、なかなかはっきり言えないのですが……。

　例えば、対面初日の始業式後の入学式の会場作りでは、手順が分かっているのだから、自分たちでさっさと動けるはずなのに、動ける子もいるのだけれど、体育館の片隅で遊んでしまう子がいて、5年生の方が動きがよかったこと。言われれば素直に動けるが、自分たちで状況を判断して仕事を進めることができなかったこと。初日は6年生に進級した喜びが子どもたち一人ひとりの体からあふれ出してきていいのだが、今までと変化のない、ただ4月8日が来たから登校したみたいに、気持ちが表に出ていない子がとても多いこと。（こういう子も心の中はきっとうきうきしていたのだとは思うのですが……）入学式後に新しい教科書を教室に運び、それを配るのも、自分たちでは動けなかったこと、教室内ではどじーっとしたよどんだ感じなのが、休み時間になると廊下に出て自分の仲間と実に楽しそうにじゃれ合ったり、話したり、下品な笑い声が聞こえてきたり……そしてそのグループ同士の関わりがほとんどない

ことなど、学年全体が持っている雰囲気から、そう感じたのかもしれません。始業式一日でたくさんの課題が見えてきたのです。

　まず、クラスみんなで何かをすることだと思いました。クラスのみんな一人残らずが、隠れることなく授業で自分が出せることが大切なのではないかと、思いました。その出してきたことをだれの考えであれ、みんなでそのすごさを味わえること、そしてそのことを通して「できる」「できない」という今までの概念をくずすこと、よい点数をとることが学習する目的ではないこと、学習は先生が教えるのではなく自分たちで獲得していくことだということ、学校生活は自分たちで楽しい物にしていくことなど、今までの学校、学級のイメージを変えなくてはと、思いました。

　まずはやっぱり算数で子どもたちと私の関係をつくること、子どもたち同士の関係を再構築することにしようと考えました。しかし、1学期の「分数のたし算とひき算」でも「単位あたり量の大きさ」でも、ある程度は盛り上がって学習はできましたが、一人ひとりが考えて、クラスみんなで考えて、子どもたちで新しいことを獲得していくという授業にはなりませんでした。ノートは実にきれいに書くのだけれど、全然自分の中で新しいことを獲得していく葛藤があらわれない、自分をさらけ出せない子どもたちのままで、心底楽しい！　という授業にならないまま夏休みを迎えました。

　この間に、5年生のときから、続いていた男子9名の係わる万引き・男子の親の財布からのお金の抜き取り・メールによる卑猥な写真の送着信（男女8名）・人をねらってのエアガンの使用・デートをしたしない・キス……と親を呼んで指導をして、相談にのっての日々でした。

　夏休み、どうしたら子どもたちに自分たちで考えて、力を出し合って支え合っていく楽しさを味わわせることができるか考えました。いつもの6年生と違って、進歩の鈍い子どもたちです。でもこのまま「質が悪

い」なんて言って、ぐずぐずしていたら時間がなくなって卒業になってしまうと、思いました。

　このままで、勝ち負けのはっきりする運動会を取り組んでいたら、だめだと思いました。学年の競技などには勝ったとしても、他学年との関係で優勝だ準優勝だということになるので、優勝できなくても「やったー」と、喜び合える運動会にしなくてはだめだと思いました。

　6年生の運動会はいつも実行委員会形式で取り組みます。今年は①応援団②全校大玉送り③群対抗代表リレー④シンボル作成⑤学級旗作成⑥100メートル走⑦騎馬戦⑧組み体操の8実行委員会を6年生2クラスでそれぞれ作って、活動することにしました。

　全校大玉送り実行委員会では自分たちで1年生から6年生までの並び方を決め、朝自習の時間にクラスみんなに提案して意見をもらい、決定して、他学年に新聞を書いたり説明に出かけたりしました（これは例年通り）。1回目の練習はボロ負けで……再び作戦などを考え直して再び提案……2回目もボロ負けで、練習が足りないから負けているという結論になって、練習時間を作ってもらうことにして練習して……この全て（提案・練習時間の運営・練習後の話など）に子どもたちが前面に出て活動させました。全校大玉送り実行委員になった子たちが支え合って協力して動かなくては、「なにやってるんだよー」という空気が流れ、他の先生方が口出しをしたくなるのですが、先生方には絶対口出しさせないオーラだけを私は出して、子どもたちを支えました。本気になって意見を出し合って、本気で活動しなくてはだめな状況を作りたかったのです。「もう一度練習させてください」と、最後の全校練習の時間に申し出て来た実行委員の子たちの顔は、とっても引き締まっていて、クラスみんなも後押ししてくれるという信頼感に満ちていて、他学年の先生方も、「わあー子どもたちから練習を言ってくれるなんて」と、すぐに協

力してくれるのでした。私は一切口出ししません。実行委員に任せました。もちろん本番は圧勝です。

　シンボル作成実行委員も下校後、教室に集合して、男女仲良く楽しげにちぎり紙を貼り付けるという細かい作業をみんなでしているのです。

　リレー実行委員の子たちも下級生を集め、昼休みの度にバトンタッチの練習をしました。

　騎馬戦の実行委員も、初回のルール説明を教師がしたあと、質問を受けました。具体的な場面を想定しての子どもらしい質問が出されました。でも、そんな質問に応えている時間はない、ということにして実行委員会で話し合って、細かいルールを決めてもらうことにしました。すると、登校してから始業までの時間を使って、○○の場合は……△△の場合は……と、細かいルールを決めました。どの実行委員会の取り組みにも口出しは一切しませんでした。また、隣のクラスも巻き込んで学年がいっしょに自信をつけていく機会にしたいと思いました。

　組み体操実行委員も練習前の準備体操を始め、チャイムと共に練習が始められるように5、6年4クラスをまとめて活動したのでした。フィナーレを練習しているとき、どうしても5年生の動きが遅くて技が決まりませんでした。担当の体育主任の先生（5年生）が「このフィナーレは止めます。簡単に集合して退場することにします」と、話されました。すると、「えーやりたい。やりたい」と小さな声ながらもはっきりと意思表示する声が聞こえました。私も今の5年生の状況では単純な方がいいかなと、思いました。すると、うちのクラスの実行委員が私のところに集まってきました。「どうしても今までとは違う今年のフィナーレをしたいんです。5年生も練習に誘ってちゃんとできるようにします。もう一度チャンスがほしいです」と、言いに来ました。「そう、みっともないだらしないフィナーレにはしないってことね。で、どうしたいっ

てこと？」「まず、相沢先生にお願いしたい。もう一回やらせてくださいって」「それから、みんなにぴしっと決めようって、呼びかけたい」と、言うのです。相沢先生も絶対今までとは違うフィナーレにしたいと思っているに違いないし、柔軟な人だから、子どもたちが話しに行ったら、きちんと受け止めてくれるだろうと思ったので、「分かった。ちゃんと自分たちの気持ちを相沢先生に伝えておいで、そして、きちんと他の学級の子たちにも分かるように訴えておいで」と、言って、相沢先生への申し出の行動を許すことにしました。そして、隣のクラスの実行委員にも呼びかけ、6年生の意見ということでまとまったので、朝礼台に立っている相沢先生のところに走って行きました。いつも自信なさげなYくんが口火を切って他学級の子たちに「僕たちはちゃんと今までとは違う技で組み体操を終わりたいので、みんなもがんばってください」と、言いました。うちのクラスの実行委員が次々と自分の気持ちを素直に訴えたのでした。組み体操の練習が本当の本気モードになった瞬間でした。

　とにかく今年の運動会実行委員の考えた活動には全て賛成し、支え、失敗したらもう一度やり直しをさせチャレンジさせるという姿勢で臨みました。

　運動会の結果は残念ながら準優勝。でも、子どもたちの表情が違いました。いつも負けたときの6年生はがっかりして、悔しがって、後かたづけのときなど元気がないのですが、このクラスの子たちは、がっかりもしていませんでしたし、元気もなくなっていませんでした。こういうのを達成感というのでしょうか、成功感とでもいうのでしょうか……この辺りから、子どもたちが本音で物事を言い始めました。意見の出ない国語の授業で、自分の感じたことを話し始めました。固く固く閉じて歪んでいた子どもたちの心が、少しずつ柔らかく素直になってきているのを感じ出したのでした。

　もちろん7月まで悩まされた反社会的行動も皆無となりました。残った問題は家庭の問題です。でもこれには直接、手は下せません。この子どもたちが変わり、生き生きして生き続けることで、家庭の方々が気づかれるか気づかれないかという微妙な問題です。

　私のクラスの子たちのすっきりした姿の違いが他のクラスの子たちとは、はっきり違ってきたのもこの頃です。この違いは、経験年数の違い？子どもへの信頼感の違い、子どもへの思いの強さの違いのように感じていますが、これを伝えていくことは難しい。教師が本当にあこがれる子ども像を持っているかいないかで伝わり方が違うように思います。でも、今の若い教師にこれを一番に伝えなければならないと思っています。技術じゃない、人が人を教育することで一番大切なことはなんなのかを伝えなければならないと思っています。

　10月29、30日の修学旅行もインフルエンザの流行を避けて無事に終わり、子どもたちの様子を見ていると、通常の黒板と対面の座席で授業しているもどかしさをはっきりと実感することができました。今から15年以上前、箱石泰和先生に直接クラスに入って指導を受けることができていた頃、箱石先生にこう言われました。

　「いつまで、この座席での授業をしているつもり？　もう島小のような座席で学習できる子たちになっていると思うよ。そう思わない？」。あの「ペルシャの市場にて」の表現を6年生でやった子たちが、5年生のときに、「わらぐつの中の神様」を授業したときに言われたことです。それ以来、何となく手応えのある子たちになったなあと思うと、座席の並べ方を変えて授業してきました。でも、今年は違いました。コの字型にして授業をするようにしなくては、この子たちは伸びないと、確信できたのでした。子どもたちが子どもたち同士でつながりたがっていると、感じました。そして、席替えの時期ではなかったのですが、席替えをし

たのです。この席替えが大成功でした。子どもたちが授業中、自分の感じたことや思ったこと、分からないことなどを口にするようになりました。そんな中での「体積」の授業です。この授業がきっかけとなって、社会・国語・体育・理科……と子どもがどんどん動く授業ができるようになりました。

Ⅰ、体積のはかり方と表し方

教材について

　この教材の子どもと楽しめるところは、体積の概念を導き出すところと、体積の求め方を使って複合図形の体積を求めるところだと思います。例年は直方体と立方体の体積比べをしながら体積の概念を作っていく時に、1cm³のブロックがいくつ入るかということに流れてしまって、高さの概念を入れるのが強引だなと思うことがありました。今年はどうせ単元の最後に容積のこともふれるので、「この直方体と立方体ではどちらがたくさん水が入ると思いますか？」という問いかけで入ろうと考えました。水なら1mmたまっても体積（容積）が求められます。そのことで立体の高さを自然に理解させたいと考えたのです。単に求積公式を覚えさせるのではなく、底面積の積み重ねで求められることを意識して、進めたいと考えました。

実際の授業（学級通信「あすなろ」から）

〈1時間目〉

　下の図のような立体を実際に展開図を書いて組み立ててから、「さあ、どっちの立体の方がたくさん水を入れられるかなあ？」と、聞きました。

132

1分ぐらいで、手を挙げてもらいました。

　結果は、立方体　30人

　　　　　直方体　3人

　　　　　同じ　　3人　でした。

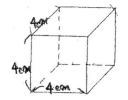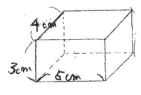

　ここから次々になぜそう考えたのか、なぜそう思ったのかの意見発表が始まりました。この話し合いが楽しかった‼

　まず、前に出て来て発表したのがY奈さん。自分で作った立方体と直方体を手にして、辺の長さを比べっこして、「同じかな⁉」って言いました。すると、E司くんがM咲さんがK祐くんがT克くんがM衣さんがK輝くんが……自分の考えを次々に発表していきました。K祐くんの発表の内容がよく分からなかったCさんが、「えっ、分からない。何々？」と、大きな声で顔をしかめながら言いました。私は"やったー。とうとう「分からない」が出たぁ"と、うれしくなりました。「分からない」が言えることって、すごーくすてきなことで、心が開いているってことです。"分からないから、教えて！"って、言ってるんだもの、すごく積極的に学習しようとしているんです。

　それで話し合いの方は、先生が意見を言いたい子を順よく指名していくだけで、子どもたちだけの力で、すごく大切なことがみんなが"ああー"って納得するまで、進みました。……「立方体の方がたくさん入るみたいだなあ」、ということで、この1時間目の授業は終わりました。みんなが納得しているようではあるけれど、でも、このままでは、まだ

全員が"分かった"にはなっていないように感じたので、2時間目は一人ひとりで自分の考えをノートに書いてもらおうと考えて、（ああ、明日の算数が楽しみー）と、思いながら休み時間にしました。すると、私のところに、Y和くんがやって来て、自分の作った立方体と直方体を分かりやすく分解して、「立方体の方が大きいよ」って、実に分かりやすく、スマートに説明してくれました。と、横を見ると、S弥くんが大野先生をつかまえて、なにやら熱心に説明しているのです。「すごいじゃない、そういう考え方でいいんだよ」って、大野先生もニコニコです。2人に、「明日、発表ね」と、言って、明日の算数の授業が楽しみで楽しみで、ワクワクしながら職員室に欠席を記入しに行きました。（この日は放課後まで、この1時間目の授業の話を職員室でしました。子どもたちだけで考え合って、新しい知識を獲得できるようになっちゃっているんです、6の1は。先生は交通整理をして、正しい方へ話し合いが進んでいるか、見守っているだけです。教え込みをせずに学習できる人々になっているのです。主役がまさしく子どもたちになったのです。）

〈2時間目〉

　一人ひとりが前時の2つの立体の見取り図をノートに書いて（こういう見取り図は、全員正確にすらすら書けます。）、どちらがたくさん水を入れられるか自分の考えをきちんとノートに書く時間です。この一人ひとりのノートがまたまたすばらしかった！

　なにがすばらしかったか……一人ひとりが自分の考えにこだわって、しっかり分かりやすく意見を書いているのです。授業の後半には、様々なクラスメートと意見交流をして、自分の考え方が正しいのか、相手の意見はどうなのか、正しいとしたら同じ考え方なのかなど、交流の時間を15分ほどとりました。すると、「あっ、そうかあ」「なるほど」など

と言って、盛んに交流しているのです。ノートに○さんの考え、なんて書いてノートも作り始めています。また、自分の考え方が違っていると納得できた子は、自分の考えに×を打って、分かったことを改めて書いてもいます。この時間も36人みんなが、生き生きと学習した1時間となったのでした。（明日発表ね、と言われていた、S弥くんは、いつ発表するのかとドキドキしていましたが、交流で、"あれ、ぼくの考え方違うのか"と、気がついて、ちょっとがっかりしたような、でも、もう発表しなくてもいいんじゃないかなっと安心したりしていました。……でも授業の終わりに、私に「月曜日にS弥くん発表ね」とまた言われて、「どきどきして土日過ごさなくちゃじゃないですか」って言いに来ました。

　36人全員がきちんとノートに自分の考えを書いていたのを、金曜日の放課後、8時近くまでかかって見て、発表してもらう子を決めて、その子のノートを大きくコピーして、またまた月曜日の算数が楽しみだと思いながら、帰路についたのでした。

〈3時間目〉

　さあ、やって来ました、勝負の授業〈3時間目〉の始まりです。

　①トップバッターはS弥くん。

　辺の長さの和で比べたS弥くん。実にしっかり説明しました。でも、辺の長さでは中身の量の比較はできないんじゃないかとみんなに言われて、やっぱりそうかあ、と納得!!

　しっかり納得できたので、涙が出て来ちゃったのだそうです。S弥くんのおかげで中身に入る量は長さでは考えられない、と

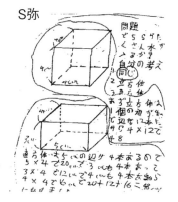

S弥

全員が確認できたのでした。

②次に発表したのが、M花さん。

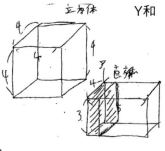

M花

表面積で比べるという考え方の子が、10人近くいました。その代表として発表してもらいました。それは、もう2時間目の交流で、表面積で比べても中身の量を比べることにはならないって気づいて、正しい考え方をノートに書いてあったからです。でも、きっと心底納得はしていないんじゃないかな、と正しい考え方をノートに書いている様子から感じたので、発表してもらうことにしたのです。M花さんも実に分かりやすく表面積の出し方を説明しました。でも、周りの面の面積では中身を比較できないんじゃないかな、って意見が出されて、面積でも中身の量は求められないことがはっきりしたのでした。

　長さでも、面積でも中身の量は比べられない、じゃあ、どうやって比べるの？　ということで、

③Y和くんの考え方を実際の立体模型を見せながら発表してもらいました。

　直方体のアの斜線部分をとって上にのせると、高さが4cmの立方体と比べやすくなって、どうも（4cm³分の）すき間ができるので、立方体の方が大きいと自信を持って発表しました。みんなは、「おおー」と言って、Y和くんの立体改造の考え方に感心したのでした。

　④S紀さんが直方体の置き方を変えて、高さをそろえてから底面の大きさを比べる考え方を発表しました。

立方体は底面4ますはみ出して、直方体は3ます、はみ出す。高さが同じなんだから、立方体の方が大きくなるという考えを、自分の模型を使って、説明しました。いつもはあまり意見を言わないS紀さんが、堂々と発表したのでした。

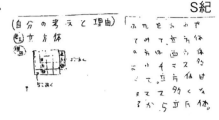

⑤K太くんが立方体と直方体を重ねて考えますと話し合いました。重ならない部分で比べると……と堂々と説明しました。

⑥R介くんが、S紀さんの考えを計算で説明しました。

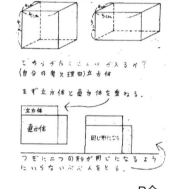

「高さを同じにするために直方体の置き方を変えて」と、はっきり言って説明したので、更に底面積で比べるという考え方がはっきりできた説明でした。でも、説明を聞いてる子の多くは、まだもやもやしているような感じでした。

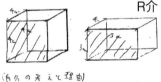

⑦そこで絵を詳しく描いて説明していたK菜さんに出て来てもらって説明してもらいました。

この説明を聞いていてクラスの子たちの顔がさあっと明るくなりました。K菜さんの絵と計算を用いての説明が、みんなの頭の中を整理してくれたようでした。1cm²の集まった立体として、問題の立方体と直方体が見えた

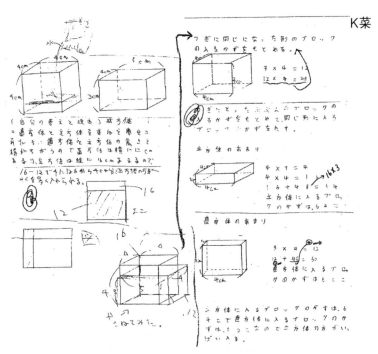

説明になりました。

　⑧K菜さんが言い出した1cm³の集合体をすごく意識して、Cさんが説明しました。

　これは分かりやすい。納得！　納得！こうやって中身の量を考えていけばいいんだって、決定づけた説明でした。そしてK太くんが、1段ずつ色を変えて作った直方体を見せてくれて、ますますはっきりしたのでした。

　⑨更に1cm³を意識した考えをN文くんが説明しました。

　1cm³のブロックが全員の中にぐっと入り込んできた瞬間でした。底面

138

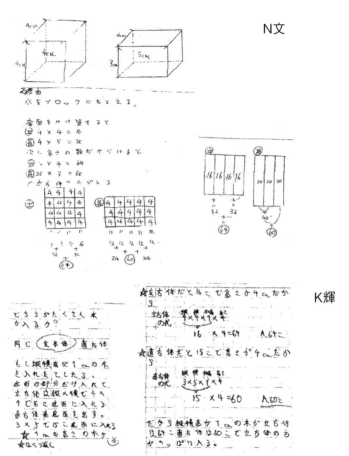

N文

K輝

積と高さをかければ中身の量は出せるみたいと全員が確認し始めました。

　⑩K輝くんが今までの考え方を分かりやすくまとめてくれました。

　中身の量を出す式を　縦×横×木の高さ×高さとして、1cm³のブロックをきちんと意識して式を書いているところが、すごいと思いました。

　⑪そしてYさんが自分の言葉でもう一度しっかり説明してくれました。

　もう全員、ばっちり！　底面積に高さをかければ中身の量は出せると、

すっきりした顔に全員がなって、授業を終えたのでした。

　翌日の算数の時間に中身の量＝かさ＝体積という言葉の確認をしました。そして、ブロックが半分になっても1mmくらいのものでも、高さはあるのだから、縦×横×高さで直方体の体積が、一辺×一辺×一辺で立方体の体積が出せることをまとめました。自主勉強の日記でも算数が楽しいって書いてきてくれる子がグンと増えました。

授業後の子どもたちの変化

　この学習でも、一人ひとりが考えを持ち、その考えを交流して確かめたり、補強したりする時間の確保を意識的に取り入れました。すると新しい学習内容を自分たちの力で獲得していく面白さを多くの子が味わい、生き生きと意欲的に取り組む姿が見られるようになりました。特に次単元「分数のかけ算とわり算」になってからは、体育館でのボール運動の体育の授業をつぶしても、算数をやりたいと言い出しました。一日に3時間算数の授業をしても、一人として飽きたり疲れたりして学習から離脱しないことに驚かされました。全体の確認の授業で発表したいと多くの子が望み、発表するための画用紙を渡されることを期待し、授業が進むごとにますます張り切って活動する姿が見られるようになりました。また、今まで何となく遠慮しがちに気を遣って学級生活をおくっていた子たちが、遠慮なく「もう一度説明して！」「分からないからもう少し丁寧に説明して！」とか、「今の発表と私の考え方はつながっているから、

私がつけたします」とか言って、ますます積極的に自分を出せるように
なって、クラスの雰囲気が一変したのでした。

Ⅱ、分数のかけ算とわり算

　私は12月の多摩第二土曜の会に、クラスの雰囲気が一変した後の「分
数のかけ算とわり算」の授業で出た子どもたちの考えをコピーして持っ
て行きました。体積の授業で一人ひとりがはっきりと自己主張できるよ
うになってきていたので、この分数の授業は、本音と本音がぶつかった
り、合わさったりして、最高に6の1が花開いた授業となりました。

　Mさんは左手に障害を持っている子です。6年生になるまで鉄棒もマ
ットも跳び箱もみんな見学して過ごしてきました。でも6の1では違い
ました。倒立もできるようになりましたし、跳び箱6段の開脚跳びもで
きるようになりました。自分をみんなの前では出さずに、親しい友達の
中でだけ自分をわがままに出すものだから、友達関係がうまくいくわけ
はありません。そのMさんが自分の考えをどんどんノートや友達に出
していきました。今までこそこそみんなの見えないところで生活してき
たので経験しなかった、みんなの前で叱られることも多くなりましたが、
表情はずっとずっと明るくなりました。庁務手さんが「あの子、明るく
なったねえ」と、真っ先に気づいてくださいました。

　自分に自信がなくていつもうつむき加減で生活していたYくんがど
んどん自分を出し始めました。「Yくん、いつの間にか勉強できるよう
になったのよ」「うん、いつかなあ、いつの間にかできるようになった
んだあ」こんな会話を姉御のようなM花さんとしているのです。姉御
のようなM花さんは、口では強がっているけれど、本当は弱気なとこ
ろもあるかわいい女の子です。Yくんはこの単元中ずっと活躍が続きま

した。12月に行われた持久走記録会では、みんなの前で堂々と顔を上げて司会をすることができました。

　体積の発表の一番手で、泣いてしまったＳ弥くんは、もうこの分数の授業では堂々と自分の意見をノートに表し、発表の常連になりました。考えることが楽しくてたまらないという感じです。

　私立受験のＴくん。塾に通っているＭ衣さんたちが、塾では習わないことを学校で勉強できるから、塾より難しいことを勉強するから面白いと、単元の初期段階では確かめ問題を出したり、まとめを書いたりしていたのが、自分の考えを出せるようになって、生き生きしました。

　コミュニケーションがうまくとれないで、人間関係が上手に作れないＴくんが、発表したくて発表したくてたまらない様子で、いつも最後にまとめの発表を引き受けてくれました。

　ＭきさんもＴ矢くんもＴ海くんもＳくんもＮくんもＳ海くんもＡさんもＫくんも……どの子もが、自分を出すことにためらいがなくなりました。心から楽しんでいる、そういう授業となりました。

　子どもたちが出してきた考えは2年前の子どもたちと同じ物で、新しい物はありません。むしろ多様性においては、貧弱かもしれません。でも、今年度の私のクラスにとっては、この分数のかけ算とわり算の授業は、今まで以上に意味のある授業となりました。クラスの一人ひとりがくっきりとしましたし、自信を持ちました。でも、謙虚さもちゃんとあって、気持ちの良い子たちになりました（資料：子どもたちのノートを参照してください）。

　9月になって、本校に少人数担当教諭として赴任してきた大野先生が、このときの子どもたちの変化について感想を書いてくださいました。大野先生は本校に赴任する前は進学塾で数学を教えていらした経歴の持ち

主の若い先生です。公立学校で教壇に立つのは初めての方ですが、なかなか感覚の良い方だと、感じています。

学び合い学習に伴う児童の変化

大野達郎

　私が本校に赴任した当初は、どの学年、どの授業でも一斉授業がほとんどでした。

　その状況に変化を加えたのが、加藤先生でした。算数の授業で「立体の体積」に入る際、児童の席を一新して、児童全員が向かい合って授業に臨めるようにしました。そして、授業形式も教師中心から児童中心に変えました。

　このような形で授業を進め始めた当初は、ほとんどの児童は、自分の考えが思いつかなかったり、思いついても黒板で発表できませんでした。また、説明を受けている児童も受動的で、質問も余りできないという状況でした。

　まだ、児童が自分たちで授業を進めていくことができない状況なので、必然的に教師が児童を指名し、発表してもらうという形になります。この段階で非常に興味深いことが起こりました。

　みんなでの確認の授業で指名されたある児童は、算数に対する苦手意識が強く、人前で話すということも苦手でした。その彼が発表を避けることができないと悟った後でも、発表に対する不安がぬぐいきれずに、幾度となく不安な気持ちを僕に伝えてきました。そのことを加藤先生に伝えると、笑いながら「あらそう、発表するの随分ドキドキしているよねえ……」と、言うばかりでした。

　その児童が発表する順番が回ってきて、何とか説明しようとしますが、自分の考え、思いを、うまく伝えることができませんでした。そして、

緊張や不安に耐えられなくなり、

「算数が苦手だから、説明も発表もうまくできないから」

　と、言って、涙を流して泣き始めてしまいました。でも加藤先生は、最後まできちんと発表させました。その児童は授業が終わってからも、（なんで僕が発表しなければいけなかったの）という気持ちが続いていました。

　そんな思いを抱いていた児童に変化が表れ始めました。まず、算数の授業に対する変化がありました。この発表の前には、ノートに自分の考えは書けなかったり、挙手をする姿もまれだったりしました。しかし、発表後はノートに自分の考えをいろいろたくさん書くようになったばかりではなく、人前で話すことに抵抗がなくなってきたようで、照れたような、えっ僕がみたいな態度をとりつつも、楽しそうに話すようになりました。最終的には特にもう自分の意見を言うのは当たり前のようになり、嫌そうな表情一つ見せなくなりました。

　それに伴い、理解度、成績も上がり始めました。更に国語の漢字練習など、他教科の学習にも積極的に取り組むようになったと聞いて、学び合い学習のすごさを感じたのでした。そして一番の変化は日常生活における表情が明るくなったことでした。

　クラスの雰囲気も全体的に明るくなりました。授業に対しても積極的になりました。分からないところは素直に分からないと言えるようになっただけでなく、何が分かっていて、何が分からないのかということまで言えるようになりました。良い考えに対しては素直に共感でき、訂正すべき箇所のある考え方に対しては、どこを改善すべきかということが指摘できるようにもなりました。本当の意味での児童主体の授業になっていました。

　初めは算数の授業内での変化でしたが、良い効果が他教科や学校生活

全体にも広がりました。自分の考えをクラス全体や友達に説明することでコミュニケーション能力も身に付き、人間関係も良くなっていくという変化です。この授業を実践するには、児童の実態や相性など様々なことを考慮するように思いますが、実践した際に全学校生活に多くの良い効果をもたらすと考えられます。子どもを見る眼力を持ちたいと思います。

資料：子どもたちのノート

> 1dℓで、$\frac{2}{5}$㎡ぬれるペンキがあります。
> このペンキ 3dℓ では、板を何㎡ぬれますか。

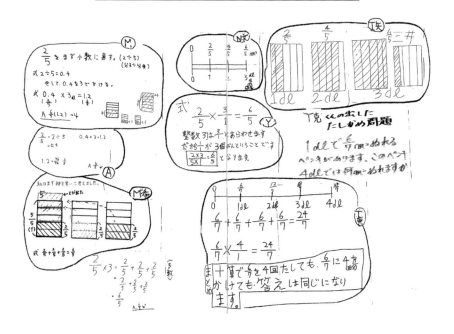

3dℓで、$\frac{4}{5}$㎡ぬれるペンキがあります。
このペンキ1dℓでは、板を何㎡ぬれますか。

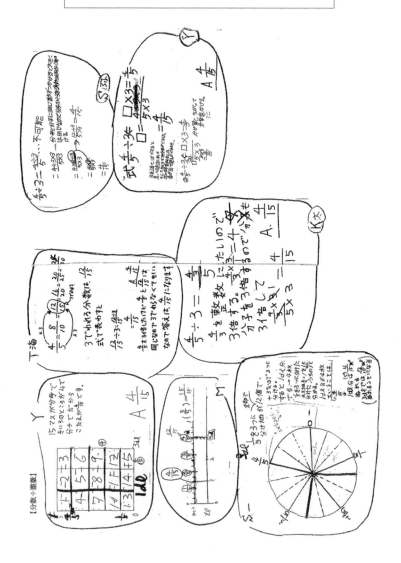

1dℓで、$\frac{4}{5}$㎡ぬれるペンキがあります。
このペンキ$\frac{2}{3}$dℓでは、板を何㎡ぬれますか。

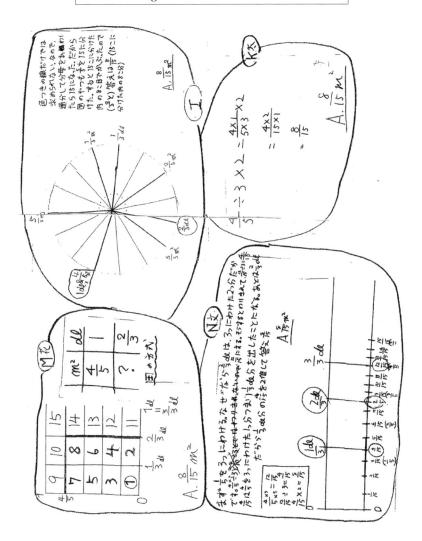

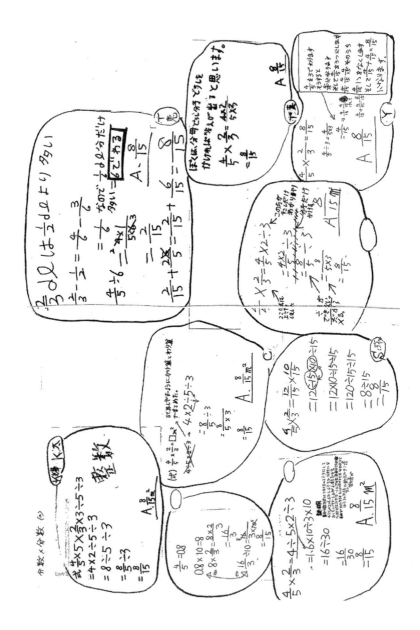

$\dfrac{3}{4}$dℓで、$\dfrac{2}{5}$㎡ぬれるペンキがあります。
このペンキ1dℓでは、板を何㎡ぬれますか。

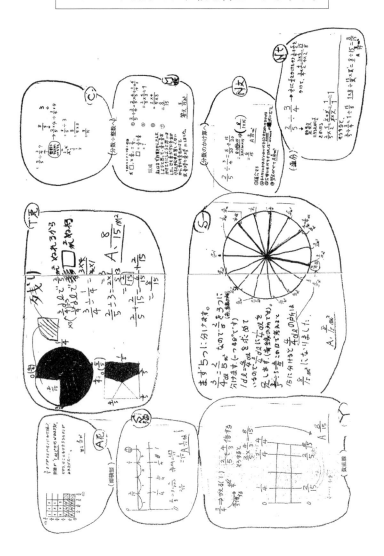

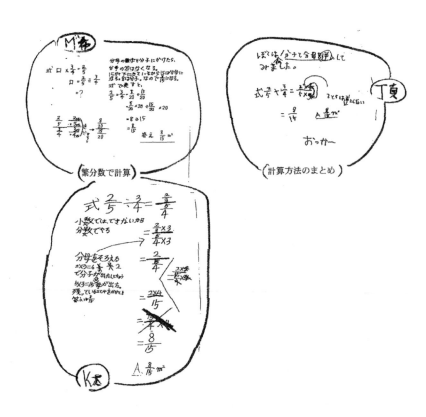

Ⅲ、宮沢賢治「やまなし：十二月」の授業

　分数のかけ算わり算の授業と並行して、『やまなし』の授業をしました。以前の『やまなし』の授業と比べて、今年度の授業は子どもたちが、きちんと文章から読み取ったことから展開される授業とはなっていないと思います。でも、授業をしているときの子どもたちが、すごく自分を出すことを楽しんでいました。自分の感じたことや考えたことをみんなと共有することが楽しい、という授業でした。2月の多摩の会では、こういう段階もあっても良いのではないか、と、授業の前半の授業の良さばかりでなく、全体としても、このときの子どもたちにとっての、この授業の必要性を認めていただきました。

6年　国語　『やまなし』二　十二月

　十二月を各自読み

加藤　こう教室の真ん中に立ってみんなの読みを聞いていると、実にはっきりしたよい読みのできる人が多くなったね。で、Y文くん読んでください。（読む）

加藤　いいね、しっかり読めてる。続きはMさん。（読む）

加藤　はい、いいね。落ち着いているね。最後はM花さん。（読む）

加藤　そうね。さあ十二月、川の様子、どんな様子。すっかり変わった川の様子。

K輝　木が紅葉してね、もう落ち葉になって……。

S　　夜の川の話。

加藤　ああ、夜ね、この間のみんなの話だと、月が出ているんだよね。（うん）その月はどんな月なの？　どんな月が出てる？　みんなの頭

　　　の中にはどんな月が出てる？

Ｒ輔　満月（なかなか話が進まない）。

加藤　じゃあ、三日月だと思っている人、あ、いないんだ。半月だっていう人は、いないの。え、じゃあ満月だっていう人、（大勢が手を挙げる）ああ満月が多いんだ。じゃあ満月だっていう人はどうしてなの？

Ｃ　　何となく感じるんだよねー。

加藤　ああ何となくね。でもそれじゃあ賢治さんに申し訳ないから、もう少し文からそう感じる証拠を出してみようよ。

Ｉ　　あんまり月が明るく水がきれいなので、かにの兄弟が眠らないで外に出ているから、月が明るいっていうのは、やっぱり満月かなっと思って。

加藤　ああ、月が明るいからね。

Ｎ文　月光が天井で波が青白い火を燃やしたり消したりしているってあって、炎を燃やしているってことはすごく明るいってことだから、満月だと思う。

加藤　ああ、炎を燃やしているのね。１行目からそう思ったのね。

Ｒ輔　月光りって書いてあるから、満月かなあって思いました。

加藤　うん？　　月光り？

Ｍ花　ラムネのびんの月光だよ。（笑い）

加藤　ああ、月光ね、月光りって書いて月光ね。それがどうしたって？

Ｒ輔　月光がいっぱいすき通りって書いてあるから、いっぱいだから満月。

加藤　ああ、月光がいっぱいね。ラムネのびんの月光ってどんな月光なの？

子ら　（口々に）きれい。透き通ってる。冷たい感じ。すんでいる。

　……。

加藤　そうね、でもどう？　十月に見た十五夜お月さんみたいな月なの？

Ｙ衣　そうそう、黄色くて赤いような月じゃなくて、白いような冷たい光で、青白い光でシーンと透き通っている、空の高いところで光っている満月の月って感じかな。

加藤　そうね、透き通っている月光なんだね。で、川の様子はどんななの？

Ｓ　　冷たい。

加藤　そうね、冷たいね。どこからそう思う？

Ｋ太　その冷たい水の底までって書いてある。

加藤　そうね、この間の授業後ね。Ｓさんが先生のところに来てね、十二月のイメージの話をしてくれたのね。その時問題になっていたのがね、この十二月の川の深さなの。みんなは十二月の川の深さ、どのくらいを想像してる？　同じ川だから、五月と同じくらいの深さなのかな？　どうかな？　Ｓさんは五月の川のイメージはこのくらいなんだって、みんなとの話し合いでイメージしたのと同じで1メートルくらいかな、って感じたんだって、でも、十二月は違う感じするって言うのよ、どうかな？

子ら　（口々に）少なくなってる。浅い。深い、細くなってる……（少なくなってるの声が多くなる）

加藤　少なくなってる？

Ｋ輝　少なくなってる感じがする。

Ｋ太　とぶんってやまなしの実が落ちる音、浅い感じがする。

Ｓ　　五月は雪解け水で水量が増えて、深くなっているけど、十二月はなんか浅い感じがする。

加藤　ああ、なんかねえ。

M衣　イーハトーヴの十二月だよね。

加藤　そうねえ、イーハトーヴのね、岩手の十二月だね。

M衣　そうそう、もう雪降ってきてるかもしれないし、水が冷たいって、まして夜だし、なんか凍るような感じだから、流れも狭くなって、浅くなってる感じする。

加藤　ああ周りが凍っちゃっているのかなー。

B　白いやわらかな丸石が転がってきて流れてきて止まるんだから、流れがゆるいっていうか、なんか浅くて少ない感じする。

E司　水晶の粒や金雲母のかけらも流れて来るけど止まるんだから、ざあーとは流れてない感じで、ゆるい流れ。

加藤　そうね。なんかそういう感じの方がいいみたいね。でも、一人ひとりのイメージだから一人ひとりが自分のイメージを作って読んでいくんだよ。

Y　賢治さんに会いたいねえ。

加藤　そうだねえ。

K輝　ぼくはね、ラムネのびんの月光がいっぱいすき通りっていうところろからも浅いなあって感じる。

加藤　ああ、青白いきれいな月光が水の底まで届くっていうことからそう思うのね。いいねえ。

加藤　で、そういう川で、かにの子どもらはもうよほど大きくなり、ってあるね。かにの子どもら成長してる？　（うん）そう変わってる。どういうふうに変わってる？

E司　泡をはいてる。五月はぽつぽつぽつだったけど、今度は本格的な泡。

K祐　弟が兄に聞くことがなくなった。

加藤　ええ、五月はどうしたの？　どうしたの？　って聞いていた弟が
　　　聞かなくなったのね。そう弟とお兄さんの会話を読んでもらおう。
　　　弟はS海くんね、お兄さんはK太くん。冷たい水の中で会話し
　　　てみて。（表情豊かに読む、会話文の最後の「だめだい、そんな
　　　にのび上がっては。」を読むと、えっそれはお父さんの言葉だよ、
　　　と多くの子が指摘する）

加藤　なになに、その言葉はお父さんの言葉なの？

子ら　そう。そうそう。お父さんが言いながら出て来たんじゃない。違
　　　うよ、弟だよ。（騒然となる）

加藤　えっ、そうなの？　お父さんが言ってるの？　弟じゃないの？

子ら　弟だよ。ちがうよ、お父さんだよ。

加藤　お父さんてことはないんじゃないの？　もう一度読んでみよう
　　　よ。（読む）
　　　どう？　のび上がってはって、こうやって体をグーと伸ばして泡
　　　をはくんだよね。

K輝　やっぱりこれはお父さんじゃないの。だって二ひきの兄弟をいつ
　　　も見守っているんだよ。だから様子を見ていて、言ったんじゃな
　　　いの。

M花　お父さんみたいな感じ。

加藤　そうかな、この会話の次にまた、お父さんのかにが出て来ました、
　　　だよ。お父さんだと思っていた人。（25、6人挙手）ええ、そん
　　　なに多くの人がお父さんなの？　どうして？

K輝　弟と競っていたっていうか、くらべっこをしてるんだから、その
　　　様子を見ていたお父さんが、出て来るんだよ。

C　　だめだい、そんなにのび上がっては。」また、って書いてある。っ
　　　てことは、まだってことは前に……。

M衣　そう、またってことは前に出て来てるってことだから、その言葉をお父さんが言って、また出て来たってことじゃないの。

加藤　ええ、前に出て来ているんじゃない？

T克　五月に出て来ているよ。それで「また」だよ。

M花　五月に出てるけど、「だめだよ」って言ってから、出て来ているから「また」って言ってる。

S海　なんか言い方でどっちにも感じるねえ。

S　　五月の話と十二月の話ではもう季節が動いてたくさん時間が過ぎているから、またって言うかな。かにの子たちが「また」って思うかな？　さっきまで競っていた人たちがいうかな。

加藤　でも、こういうことない。競い合っていて、自分のが大きかったらいいなって思って、そんなにのび上がってはずるいよっていうことない？

子　　そうだよ。

S　　危なかったしいから、お父さんが言ったことないかな。

N文　「だめだい、そんなにのび上がっては。」って言うと、お父さんが言っているみたいだし、「だめだい、そんなにのび上がっては。」って言うと、弟が言っているみたいになる。

C　　「だめだい」って言うと、お父さんが言っているみたい。言い方でどちらにも考えられる。弟はお兄さんに勝ちたいって思っているから、だめだいって言ってる。

加藤　ああ、弟は泡のくらべっこでどう思っているの？

子ら　勝ちたいって思っている。

加藤　お兄さんは？

K太　やっぱり勝ちたいって思ってる。

Y衣　お兄さんあんまりがんばってない。

加藤　ああ、お兄さんはがんばってないって言うのね。どうかな？

Ｋ輝　五月のときの兄弟とはなんか感じが違う。

加藤　どういうふうに？

子　二人とも成長したんだけれども、兄に比べて弟の方は何かお兄さんに追いつきたいっていうか、背伸びしている感じだけど、兄の方は余裕があるような感じで相手をしていると思う。

Ｓ海　弟の方は泣きそうになっているけど、兄の方は余裕がある。

加藤　そうね。ずいぶん成長したね。で、さっきの「また」、お父さんのかにが出て来ましたのところだけど、どうかねえ。お父さんが言うってことはあるんだろうか。

Ｋ輝　え、先生は弟が言ったと思っているの？

加藤　うん、お父さんが言うなんてこと、ありうるのかな？

Ｍ衣　今まで張り合っていたのに弟が言うってこと？

Ｓ　なんかそれまでは大きいよとか　も一つはくよとか言ってたけど、そこだけ言葉の言い方が違うような気がする。

Ｎ文　言葉の終わりが違う感じがする。そんなに伸び上がっちゃ、だめだよっていうと同じだけど。

Ｋ輝　勝ちたいのは弟なのに、お兄さんが伸び上がってずるするかな。

Ｃ　ずるするなら弟の方でしょ。

Ｋ輝　お兄ちゃんは勝てるんだから、ずるはしないと思う。

Ｙ衣　でも、またお父さんのかにが……ってところで、段落になっているよね。やっぱり場面が変わるんじゃない。

加藤　そうよね。段落を変えているってことは、お父さんは言ってないと思うよね。

Ｙ　ああ、やっぱり賢治さんに会って、話聞いてみたいねえ。

加藤　そうだね。じゃあもう一度その会話のところから最後まで各自読

　　んで、先に進もう。

　　（各自読む）

加藤　とぶん、落ちてきたものは何？

子ら　やまなし。

加藤　それはどんなもの？

子　　黒くて丸い大きなもの。

子　　いいにおいがしている丸いもの。

子　　流れていって、そして木の枝に引っかかって止まってしまった

子　　熟してるやまなしの実。

加藤　子どもらはどうした？

子　　隠れた。

子　　ううん、首をすくめた。亀みたいに。（首をすくめる動作をして
　　　いる子もいる）

加藤　流れて行くやまなしについて行っている3人、どんな様子？

Ｙ　　いいにおいだなあ。お父さんはお酒飲みたいなあ。子どもたちは
　　　おいしそうだなあ。

Ｋ太　お父さんがもうねろねろって言っているのに、ついて行ってみよ
　　　うっていうところがおかしい。

Ｍ鈴　ついて行ってみよう、ってすごくうれしそう。

Ｍ花　このやまなしはちょーおいしくて、幸せになれるって感じ。

Ｍ衣　めったに食べられない、そしておいしいもの。

Ｃ　　なんかお酒になったりして、もっとおいしくなるのを期待してい
　　　る。

Ｋ太　うきうきしている。

加藤　そうねえ、踊るように追いかけていったんだね。最後の問題。み
　　　んなで考えたい問題、最高に分からないこと、なぜ題名がやまな

しなんだろう。

子　（口々に何やら言っているが、はっきりと話し出す子はいない）

R輔　賢治さんの家の庭にあったのかな。

加藤　ああ、賢治さんの家にあったってこと？　ああ、なるほど、五月に出て来たかわせみでもなく、かに兄弟っていう題でもない。どうしてかねえ。

S　やまなしから連想していった話だから、やまなしってしたと思う。（おーと子ら言う）

加藤　何を連想するの？

K輝　前にイーハトーヴとかあったじゃない、それでそのイーハトーヴで事件とか起こったりするから、やまなしはなんかいいことが起こったみたいなことを言いたい、貧乏でなくなったとか、何かそういうこと。

加藤　やまなしが落ちてきたことはよいことなんだ。

K太　イーハトーヴって理想の世界だったんだよね。やまなしが理想の世界ってこと……。

M衣　かににとっての理想？　かににとってもイーハトーヴにとってもいい理想。

加藤　そう、どんな理想なの？

K輝　いいことがやまなしだったから、いいことが続きますようにという願いを込めて『やまなし』にした。

A音　イーハトーヴにやまなしがいっぱいできて、それをみんなが食べたりして幸せな気持ちになるといいな、って思って『やまなし』にした。

E司　かわせみは魚をとって殺した。でもやまなしはとぶんて落ちて幸せをくれた。

加藤　ああ、かわせみとやまなしでは全然違う、反対のことをかに達に
　　　与えてくれたんだね。

Ｉ　　やまなしはお酒になったりしていいことを与えてくれるもの、で
　　　もかわせみはこわがらすために出て来た。

Ｋ輝　かわせみは何か賢治にとって事件っていうか、事故っていうかそ
　　　ういう感じ。

Ｋ太　イーハトーヴって賢治の理想の世界なんだよね。

Ｍ鈴　やまなしは木から離れて死んでしまうけど、命がなくなってもそ
　　　のあとも、幸せにできるってことで、賢治の理想の世界と同じだ
　　　なあと思うんだけど……死んでもまだ、周りの人に役立って、喜
　　　んでもらえて、そこの子たちも育って、いいなあって思って、や
　　　まなしって題にしたんだと思います。

子　　あーそうか。賢治さんの願いとつながっていたんだあー。

Ｍ衣　賢治が死んでも童話が残って、その童話がみんなに読まれて、み
　　　んなに伝わっていってみんなをいい気持ちにするってことにつな
　　　がるわけだあ。やまなしは死んでも、かにがおいしく食べたり、
　　　幸せな気持ちになったりする。

加藤　やまなしはとぶんて落ちたことで命はなくなっている。でもその
　　　後もそれが後々残った人たちに役立って、喜びとか楽しみとかを
　　　与えていく、そういう生き方が賢治の生き方そのものとつながっ
　　　ているわけだね。賢治はこのやまなしのような生き方がしたいと
　　　思ったんだね。だから『やまなし』。（うん）
　　　じゃあ、やまなしを読んで、ということでノートに思ったことな
　　　どを書いてみてください。

児童の感想

《K太》僕は最初読んだとき、意味が分からなかった。でも、読み取りをやって、だんだん話の意味が分かってきた。五月の時の天気やクラムボンの正体、なんで『やまなし』という題名になったかも何となく分かった気がした。『やまなし』という題名の意味がすごく納得できた。

《K輔》ぼくは最初「五月」には、やまなしが出て来なかったのに、どうして題名が『やまなし』なのか気になっていたけど、最後までよく読んでみんなで考えたら、宮沢賢治さんはやまなしみたいに生きたいという願いがあるって事が分かって、全くそんなこと考えてなかったから、びっくりした。

《K輝》最初読んだときは、クラムボンはかにだと思っていました。でも、最後に読んだときは、クラムボンは自分で感じて小さな生き物だったことに納得できました。僕はこの物語を読んで賢治はみんなが幸せになることを考えているんだなあーと思いました。

《S弥》この話を読んで最初はよく分からなくて、クラムボンって何だろうとか、かぷかぷ笑ったってどんな感じに笑ってるんだろうとかいろいろ考えたけど、みんなと一緒に読んで考えてたりして、すごくいい話だなあー不思議な話だなあーやまなしっておいしそうだなあーしあわせになれそうだなあーとか思いました。とにかくすごくいいはなしだなあーと思いました。

《M花》かにの兄弟はまだ子どもで、やまなしがどのような物か分かってなかったけど、お父さんはやまなしを食べるとき、子どもたちにこの

やまなしがどのような一生を過ごしたのか語ってあげるのかなって思った。

《E司》ぼくはやまなしを読んでかにの親子ややまなしやカワセミを通じて、カワセミのように弱いものを殺したりせずに、やまなしのように死んでも他の人に役立つように生きようと、伝えたいのだと僕は思う。

《M衣》私は最初、「何！　この意味不明な物語？」って思いました。でも、自分の頭の中で、みんなと一緒に考えて、クラムボンをプランクトンと考えて、話を読み進めてみたり、賢治の考えと、この題名がなぜ『やまなし』なのかとか考えてみたら、どんどん物語の内容がわかってきました。賢治は亡くなっても賢治の書いた童話や物語が人々に喜びとかを与えていっていて、「やまなし」も死んで、木から落ちてもかにたちが「やまなし」が落ちてきたことで、うれしくなってよろこびの気持ちを死んだ「やまなし」からもらっているから、賢治も自分が亡くなっても人々にやさしい気持ちや、喜びの気持ちを伝えたいんだなと思って、やまなしのような人生を送りたいと思って、題名を『やまなし』にしたんだと思います。かには賢治にとって人々で、やまなしが賢治。やまなしは賢治の理想の物語そのものだと思いました。

《R輔》十二月の厳しい川の中で「やまなし」という良い物が突然出て来るというのが良いと思います。また、賢治の理想は、欧米のような弱肉強食ではなく、全員が損せず得することですが、それは絶対と言うほどできないという現実があることもわかっているから、この物語を書いたのだと思います。

《S 輔》ぼくは『やまなし』を読んで、最初は意味が全然分かりませんでした。クラムボンとかやまなしとか……けれど、みんなと勉強して、クラムボンはプランクトントか生物とかってなったけど、自分の中では何かの生物だと思いました。十二月ではどうしてやまなしという題名になったかを考えた。やまなしが木から落ちて命を失ったけど、その命をかにが食べて、新しい命を育てるといういいこと、幸せにつながった。宮沢賢治も死ぬぎりぎりまで肥料のことなどを必死に教えて、次の時代にいいことにつながったので、『やまなし』という名前になったと思う。そのやまなしは賢治の理想のような物だと思いました。

《A 花》私は最初、やまなしを読んで、全然意味が分かりませんでした。十二月にやっとやまなしが出て来たのが、何で題名になるのだろうと思いました。ちょっとしか出てこないやまなしが題名になるとは……でもみんなで考えてゆくうちに、賢治の理想とやまなしの物語が似ているなという考えが自分の中に出て来ました。すっきりしました。

終わりに
3月5日（金）に行われた「6年生を送る会」で、「歓喜の歌」を合唱してしまいました。会の最後の校長先生の話の第一声が、「『喜びの歌』立派でしたね」でした。わかば学級の2年生が合唱している途中に、体育館の真ん中に踊るようにして出て来ました。きっと気持ちが良かったから、出て来たのです。ほとんど文章など書いたことのない3年生の男の子が6年生の歌はすごかったっと、実に心のこもったしっかりした字で感想を書いていました。また、もう一度6年生の合唱を聞きたいと書いた子もいました。合唱そのものはまだまだだと思います。私にもまだこうしたい、こう話してみたいということがあります。でも、今年度の子

どもたちが、本当に楽しんで、一生懸命、この歌の内容を感じようと歌っていることが、聞いている人たちの心に響いたのだと思います。掃除でほうきを動かしながら、「いざ、ゆけ……」などと歌っている男の子がいます。女の子たちが昼休みが終わった教室で授業の始まりを待ちながら、あちこちから声を合わせて合唱をし始めます。こういう生活の断片を見ても、大曲「歓喜の歌」に取り組んで、本当に良かったと思います。明8日（月）から卒業式の合唱の練習をします。でも、「歓喜の歌」を歌いきった子どもたちは、今流行の歌は楽々と歌えるだろうと思っています。

卒業まで残り少なくなった昨今。算数の授業では、新しいことを学ぶのに時間がかからず、どんどん自分の考えを持ち、今までの学習内容を使って解決していく楽しさをますます味わっています。

体育では跳び箱に取り組んでいたのですが、5年生まで器械体操になると、壁の花なって、一切動かなかったT雅くんが、台上前回りに挑戦しました。クラスの大半は、台上頭支持前転ができるようになったのですが、私はこのT雅くんのチャレンジがとてもうれしかったです。何かの難しい技ができるようになることもすばらしいことです。でも、今までの自分やしがらみと決別して、新しい世界に挑戦できるような自分に変わっていくすてきさを、もっと味わえる授業を創っていきたいと思っています。

　今年度も残りわずか。今年度も今までとは全く違う、新しいプレゼントを子どもたちからもらいました。毎年毎年子どもたちから新しい、予想のできないような姿を見せてもらえる、プレゼントしてもらえる教師という仕事は、本当に最高です。また、新しい出会いが楽しみです。

子どもが動き出すとき

舞踊表現「ペルシアの市場にて」に取り組んで

はじめに

　1992年3月25日・卒業式の日がとうとう来ました。私はこの日の教室の黒板とそして学級だより「空」211号・最終号にこう書きました。

　　6年4維38名の皆さん
　　卒業おめでとう。
　　先生はみんなとめぐり会えて
　　本当にとても幸せでした。
　　たくさんのプレゼントをどうもありがとう。

　本当に心の底から2年間一緒に過ごしたこの子どもたちと出会えて幸せだと思いました。この子どもたちにいっぱい教えてもらいました。本当に子どもってすごいと圧倒させられました。子どもの力に姿に畏れを持ちました。子どもって本当に無限の可能性を持っているんだって心底感じました。そして、子どもの前に一大人として人間として肩の力を抜いて立っている自分を感じて本当にうれしくなりました。子どもの力を信じることの心地よさを味わいました。子どもって自分が美しくなることならどんな事でも惜しみなくやってのけるのだと心から感動したのでした。この子どもたちとの舞踊表現「ペルシアの市場にて」と表現「利根川」を通しての記録をまとめようと思います。

箱石先生に見ていただくまで

　昨年末に開かれた多摩、名古屋、札幌支部の合宿研究会で私の6年生のクラスで取り組んだ舞踊表現「ペルシアの市場にて」を見ていただきました。12月10日に箱石先生に私の学校に来ていただいて直接指導を受ける前のVTRと12月24日終業式の日に校長先生だけに見ていただきながらのVTRの2つを見ていただいたのです。箱石先生は終業式の日のVTRを見て、「君たちはやっぱり天才だって子どもたちに伝えてください」と、ニコニコして、まず言われました。「この子たちの変化は僕の予想をはるかに超えている」とも続けて言われました。

　この子どもたちは5年生から担任しました。

　5年生の3学期、6年生の1学期と箱石先生に学校に来ていただいて、国語・音楽・体育などを直接指導していただけた幸せな子どもたちでした。この子どもたちとならば、長年やってみたいと思っていた舞踊表現を創れるような気が、秋の運動会の頃から私のなかで確信を持ってふつふつと湧いてきました。運動会の音楽（ブルグミュラーのピアノ曲）に合わせた組体操の動きを見て、今まで私の出会った子どもたちにはなかった張りのあるしなやかな姿を感じましたし、組体操の大わざを組み立てていくとき、実に曲を感じ、曲の流れで友達を持ちあげたり、わざを決めたりしていて、本当に美しいと思いました。以前も、6年生で組体操をしたとき、曲に合わせていましたが、そのときとは全く違うこの子どもたちの組体操での姿だったのです。

　この組体操を見ていたお母さんが次のような感想を運動会後寄せてくれました。

　運動会本当にお疲れ様でした。「空」も読ませていただき、改めてなるほどと胸に落ちる感動がありました。久々の久々に休みをとって、夫

ともども一日中お付き合いさせていただいて、2人ともとてもしみじみ「いい運動会だね」と、話し合っていたのでした。何だか本当にゆったりとしてのびのびして、よくあるようなヒステリックな号令や威圧的な統制や不気味な子どもたちの無表情や大人と子どもの断絶というのがどこにもなくて、特に、6年生はしっかりと自分らしい意志を持ちつつ、集団がいきいきと交感し合っていて、とってもいいリズムが流れているっていうか。何でかな、何でこんなふうに何となくすごくいいのかなって思いながら、私も疲れきっていた心と体がゆったりと息づいてくるのを感じていたのでした。きっとこれは一人ひとりが創造性と自分の意志を持って、そして、集団としてつながり合っているすてきさなんだと思っています。運動会ってとても創造的な営みなんだなんて、初めての体験かも知れません。今ほど一人ひとりが創造的である教育が求められているときはないって気もするこの頃、とても勇気が湧いてくるのです。

運動会が終わった子どもたちを見ていると、今まで一度も経験したことのない新しい世界を知りたいと私に迫って来ているような強い欲求を感じました。というのはクラスで合唱をしても、以前は歌声が綺麗になったとか、頭に景色が浮かんだとかというような感想ばかりだったのが、この頃になると、次のような感想が多くの子どもからでてくるようになりました。

音楽の時間に「ほろほろと」を歌うとき、低、中、高音に分かれるんだけど、中音と高音がすわって低音だけが歌うときに低音の人の表情を見ているとK平くんやT也くんがいつも一生懸命だけど、それでいて、とても顔に笑みを浮かべている顔が目に止まります。それを見ていると、まるで自分が歌を歌っているときのように、とても楽しい

気分になります。M雄くんは歌が嫌いみたいで、たまに歌ってないときもあるけど、歌のなかにM雄くんの声が混じるとすごーくきれいに聞こえて、4組だなって本当に感じてしまって、ニコニコしてしまいます。高音が歌っているときは、すごくMくんとA也くんが目につきます。この2人もすごく楽しそうに歌っているので見ていると幸せになってきます。私は「ほろほろと」という歌が4組という感じがして、とても大好きです。

——K子——（学級だより「空」74号）

　こういうクラスの友達一人ひとりの認め合い励まし合いが体育に国語にとどんどん広がっていって、以前の漠然とした雰囲気的な子どもたち同士のつながりから、すごく具体的な場面場面での実感としてのつながりへと変化していっているように感じました。こういうクラスの状態と、12月10日に箱石先生に来ていただいて直接指導を受けられることになっていましたから、念願の舞踊表現を創って指導を受けたいと思いました。以下、12月10日までの表現の取り組みを私の日録ノートから書いていきます。

○ 11月19日

　舞踊表現をやりたいのだけれど、とてもやりたいという気持ちでいっぱいなのだけれど、どうやって取り組んでいくか少しもわからない。ただ、箱石先生の本を呼んだり、仲間の先生にいろいろ聞いたりして勉強するから、みんなも今まで以上にどんどん意見を出したり動いたりしていってほしいのと、子どもたちに話す。12月10日に箱石先生が来てくださるときに見てもらって教えてもらいたいってとても思うの。もう箱石先生に見ていただくチャンスは先生の一生の中で今回限りかも知れないか

ら、すごく舞踊表現をやりたいの。今のみんななら、今のみんなの力ならつながりなら、今の4組なら何かできるような気がするの。その予感を試してみたい、先生のみんなに感じている感覚みたいなものを確かめてみたいの、……と、話す。少しなにわ節的だった。すると、「面白そうね」「やりがいがあるなあ」「やろう、やろう」なんて言い合ってやる気いっぱいの教室になる。その後、「ペルシアの市場にて」のテープを何度となく流して、一人ひとりが感じたこと、頭に浮かんだ景色などをメモした。そのメモする姿が真剣で一人ひとりがくっきり見える。しかし、出されたメモを見ると使えない。初めてだから仕方ないと思う。

○11月25日

　個人で物語を創るのは無理だし、クラス全体が同じイメージを持つには物語づくりから全体でやった方がいいと思い、クラスの物語づくりをする。が、子どもたちも私も混沌として全く進まない。「ペルシャの市場にて」のテープを何度となく子どもと聞きながら、こんな調子じゃ取り組めないな、と思う。2校時の段階では、

　①上杉軍と武田軍の戦いの一日グループ

　②湖の風景グループ

　③砂漠のオアシスの市場グループ

　④何も意思表示をしないグループ

の大小こそあるが分かれて、それぞれの思いを話すのでぎくしゃくして何だかすごく疲れる1時間だった。④の子たちが気になった。この子たちが口を開かなくちゃだめだと思った。一部の子どもたちだけで進めてはだめだと思った。どうしたら自分のイメージを話しだすんだろうと思った。①②③のグループの子どもたちは時間をかけて話し合えば接点も出て来るだろうと思ったが、④の子たちをどう引きずり込んだらいい

か分からなかった。

　業間休みになり、職員室に逃げ帰る。すると保健委員のKさんが、体の不調なクラスメートがいることを連絡に来た。それに対して「分かった、保健の先生に頼みなさい」と、とてもきつい口調で言ってしまう。多分顔つきもすごかっただろう。でもそのときはこの取り組みをやめるかやめないか、このままじゃだめだの思いでいっぱいで、いつもと同じようにはとてもできなかった。今の気持ちをそのまま子どもたちにぶつけようと決め、教室に帰る。教室に行くと授業時間に言い足りなかった女の子たちがそれぞれの思いを話しに来た。それを察した男の子たちも集まって来たので、「このままでやれると思う？　先生迷ってる」と言うと、「先生、何言ってんの」「すごいやりがいがある勉強じゃん」「やめない」と、どの子も言い切る。次の時間全員の子どもたちとやるかやめるかの話し合いを再度した。「とにかくやる」と、全員が深くうなずいて再出発を切る。前時より大勢が口を開く。そして、何とか4場面までいきつく。

○ 11月26日

　校内音楽会後だからか、すごく子どもたちがしっとりしていた。一回曲を流すと前日より大勢の子が口を開き、個々のイメージを一斉に話しだす。今までにない輝いた子どもたちの顔を見ることができた。8場面（最後）まで物語ができた。みんなでやっていけるな、子どもたちが少し動き出したなと思う。

　その日の日記には次のようなものが2、3人出て来た。

　「舞踊表現」で音楽を聞いていると、物語をどんどん考えついて、胸がいっぱいになる（ような気がする）。「とうぞく」「あらし」音楽がせわしく、けわしくなると、みんなからこんな考えが出て来て、何

となく考えることが似ているなっとか、これは新しい試みだっとか、自分のなかで開けていくような感じで、とても気分がよい。4組の物語として、みんなで取り組んでいきたい。

——Aき——（学級だより「空」112号）

そのとき決まった8場面は次のようである。

(1) オアシスに太陽が昇り、市場の用意を始める。（N・Y・H坂・S・S山）

(2) 人々がにぎやかに集まって楽しく働き出す。買い手の人々も集まり、動き出す。（H・S谷・I・Y田・E）

(3) 楽器を奏でる女、歌う女、景色を眺める女など平和な世の中を満喫している（O）

(4) 子どもも楽しく遊んでいる。一方、盗賊が女たちを狙っている（H野・M岡・TN・KS・KM・KY）

(5) さらわれていく女たちに気づき、騒ぎだす（D・A・N・T・M・S和）

(6) 女も村人も助ける方法を考え、悲しんでいる（IU・M富・KA・A井・H井）

(7) みんなで盗賊の隠れ家から助けだして逃げる（M田・S間・N井・I川・TM）

(8) みんなで再びおとずれた平和を喜ぶ（I佐・M山・S浜・S木・KK）

◯ 11月29日

8グループで場面ごとの粗案をつくる。とても熱心に話し合って、構成や出のタイミング、ステップの種類まで動きながら決めている。(3)(6)グループが難しそうだ。(3)のOくん一人は相談相手もいないのだから大変だ。私が相談相手になって「いいねえ」「うん、そのほうがいいよ」

と、彼の考えに賛成した。遊ぶ子はいない。とても楽しそうに真剣に取り組んでいた。この1時間私は視聴覚室の真ん中で座っているばかりで何もしなかった。

○ 11月30日

　体育館を借りて昨日の案を動いてみる。グループの考えを全体に広める準備をする。一つの動作をする時の人数や体育館のステージとフロアの使い方なども具体的に決めている。また、場面ごとのつながりを考えるために他のグループに聞きに行って修正したり、調整したりする動きも見られた。

○ 12月2日

　体育館でグループの考えを全体に広める。(1)(2)(3)場面まで。(1)の後半でHくんのギャロップグループに隊形の作り方などをアドバイスすると、対称的に同じ動きをするY田くんのポルカステップグループもよく聞いていてすぐなおして動いてしまった。また、子ども同士の意見もよく聞いてとても密度の濃い1時間だった。子どもが有機的に動くってことが分かった気がした。

○ 12月3日

　(4)(5)(6)場面までできてVTRにとる。(6)場面のA岡くんの動きが綺麗に見える。(3)場面のステージの3人(S山、N村、S山)が動きを変えて工夫し始める。

　2校時にVTRを見る。(3)場面が間延びして見える。

○12月4日

　全体の動きの流れができる。(3) 場面で外から見ている男の子の立ち姿が綺麗になる。昼休み女の子全員が体育館に集まり最後の場面の動きについて相談し合ったそうだ。自分が何役をしてどんな気持ちなのか考えなくてはだめだと思ったそうだ。

　「所沢の会」で見てもらう。曲のイメージが子どもにない。授業を組んで教師が手入れをしていく。国語とか合唱とかと共通の問題がある。具体的にイメージを入れること。楽しさ、平和など具体的に入れる授業をすることが必要だ、と言われる。

　この頃になると子どもの日記の多くが表現のことになった。

　今日また表現をやりました。この前まではできるかなっと思っていたけど、今日はどんどん進みました。だんだんやる気が出て来て、ぼくは8場面だけど、どんどん決まって、結構早く決まりました。残念なのは、先生がいっしょにおどらないことです。先生、いっしょにおどりなさい。　　　　　　　　　　　　　　──K──

　今日の体育で舞踊表現をやりました。ぼくのやるところは悲しんでいるところだから、側転とかをやると明るくなってしまいます。だから、難しいです。いったいどういうのができるのかな。　　──S──

　今日の体育はすごくすごく面白かったです。色々決めたり、曲を聞いたりしたときはすごく難しいなと思いました。何か不安になったけれど、もっともっと色々考えてみるとすらすらいき、面白くなってい

いものができそうだなと思いました。　　　　　　　　　——K——

　今日の舞踊表現は、本当に面白かった。音楽を思い出して表現を頭に描いていくと、どんどん浮かんでくる。(1) の「日の出」はすごく時間が短いけれど (2) の場面に続くように考えていたら、(2) の場面とピッタリつながって面白かった。3時間目もやりたい気分だと思ったけど、次が楽しみです。早くストーリーの出来上がったところを見てみたいです。表現をやっていると、とってもとーっても面白い。みんなが少しずつ少しずつきれいになっていって、自分も動きをかえてみたりすると、面白くって、どんどんひらめいたりする。昼休みもどんどん変えていって、最初と全く違う動きになった。やっているといつもいつももっとやりたいなと思ってしまう。いつも一人ひとりが考えて、一人ひとりが行動していく4組のすごさを感じた。

　　　　　　　　　　　　　　　　　　　　　　　——Aき——

（学級だより「空」116号）

○ 12月7日

　持久走大会の日だが、とにかくイメージを入れる授業をしようと体育館に集める。しかし、動きを繰り返すだけの中身になる。なぜなら、出が遅れたり、ステップがいい加減だったりして誠実ではない動きが目立ってやりなおし、やりなおしになったのだ。最後の女の子の動きが変わっていて男の子たちはびっくりしていた。このときから動いている子ばかり見て、まわりのポーズをとっている子のことが気にならなくなっていた。

　こうして11時間指導した「ペルシアの市場にて」を箱石先生に見て

いただける 12 月 10 日を迎えました。

箱石先生に見ていただいた 1 時間

　寒い体育館での 1 時間でした。初めは素足で表現している子どもたちはとても冷たがっていましたが、先生の手入れが始まると先生に指導されることに夢中になって、どこかに冷たさなんか飛んで行っていました。

　1 時間の指導をテープにそって書きます。

　最初の通しを見ながら「両脇で休んでいる子がいることが気にならなかったか」と言われました。私は「少しも気づかなかった」と答えました。そして、一通り動き終わると「うん、うまいよ、休んでいてください」と子どもたちに言われ、私にむかって「全体の構成はよくできていると思うよ、変化があってね、舞台の使い方とか。だけど、絶えず全体が、休んじまわないで、背景にはなるんだけどちゃんと全体を盛り上げるようにしないと厚みが出ないでしょう。こう中央だけがあってね、構成はとってもいいんじゃないですか。あと子どもたちがどんどん自分たちでもっといい工夫をどんどんしていってくれるといいな。少しぐらい形は違ってもいいからね。そこはそういうふうにやったの？」と訊かれました。「はい、全部子どもたちでやって、それで授業をやらなきゃいけないんだと言われて、やったんだけど、うまくいかなくて、それをやったら前より生き生きしなくなっちゃう感じがして、それで、前の方が嬉々としてやっていたような気がするんですけど……」と私は答えました。

　「それはどうしてかね。同じことが繰り返されているってことなの？」

　「いえ、変わってはいる。今日 1 時間目もやったんですけど、さっきとまた違ったことを子どもたちはやっているんですけど、イメージをい

れる授業をしなくてはだめだって言われたんですけど、そこのところが歌と同じで……」

「イメージっていうか、お話がもっとこう具体的になっていかない。それはイメージでいいんだけれどね。もっと全体がそれぞれそのときそのときの役割を持って参加していかなくちゃ。役が終わったな。どっこいしょって休むでしょ。それじゃだめなんだ。それを休まないように、そこんとこだけ先生がちゃんと考えていればいいんじゃないの」

（シーンと子どもたちは微動だにしないで２人の会話を聞いていた）

そして子どもたちに、

「みなさんよくやってる。寒いでしょ。足が冷たいね、これじゃ。とってものびのびとできないやな。もう一回やってみるか。とても上手だよ。６年生でなかなかこんなに上手にやる子、なかなかいないんだ。ただね、舞台やステージでやっている人はいつもとても一生懸命やるんだけれど、で、終わってこっちに戻るでしょ。そんときに戻った人たちが『あーあどっこらしょ』と休んじゃう。そしたらこっちの人は全然そんときは表現に参加してないことになる。分かる？　そうじゃなくって、いつもこんな広い舞台は大変だけれども、舞台の中心になる人たちがいるわけ。それは一人かもしれないし、３人かもしれないし、10人くらいかもしれない。とにかく、いつも中心になる人、焦点になる人がいるわけだね。同時にそうでない人たちはいつも背景になんなくちゃいけない。背景になるってことは休むってことじゃない。焦点にいる人をいつも盛り上げていかなくちゃいけない。ね、中心になる人をいつも盛り上げてやる。

それは演劇だってそうですよね、演劇をする場合だって、背景ってちゃんと登場人物をきちんと盛り上げるように、きちんと工夫されるわけですよ。みなさんはどっこいしょと休んじゃうでしょ。それがなくなると非常にもっとよくなるんじゃないですか、一つはね。だから休まないで。

　しかし、中心がここだぞってことがはっきり分かるようにしながら、他の人たちがそれを応援してやる。中心の人を絶えずうんと目立つようにね、応援してやる。中心の人より背景の方がね、でしゃばっちゃったりしたらね、それはだめだ。どんな場合でもね。絵を描く場合でも、これを描きたいんだっていう中心があるわけだから、中心のものがぼけちゃって背景だけが生き生きとのさばっちゃったらまずいでしょ。同じことだ。

　そしてその中心はいつも変わっていくわけだね。ある人やある人たちがいつも中心にいるわけじゃなくって、今そうなっていますよ、ちゃんとこう交替でなるでしょ。それはとてもいいことなんだよね。だから、今まで中心になっていた人たちが背景になっていく、今度はその次の中心の人をバックアップ、助けてやる、応援してやる、盛り立ててやる、そういうふうにね、できるともっとよくなる。みなさんならできるんじゃないですか。どうすればいいかって考えてね。ちょっとやってみましょうか、初めっからね。

　それで、中心になる人はいつもうんとこう精一杯大きく体を使って表現するといいですよ。もっと1人でも2人でもここ全体がもう全部ね、全体を支配してしまう。もうね、野球選手でもそうだな。ほんとの力のある選手だとバッターボックスに立ってね。あの広い球場のなかに一人がグーンと一人で全部球場を支配してしまう。舞台でもそうだね。内容をもって自分の表現をきっちとする人は一人だけでも十分ここが体育館全部が支配できる。そうでなければ、一人がポツンといて、いやに開いてここが広いなあって感じになっちゃうわけね。ちっとも広さを感じさせない。もっと狭いなあって思わせるくらいにね。堂々と自分を表現する。もっと自分を内容的に大きくしないと、体は大きんだけれど、内容をもっとダーと広くもってね。そのためには自分の中にいろいろこうお

話やイメージをもっていなくちゃね。それを充分表現する。その方ができなくちゃね。もう一回やってみてください。初めからね。構成はとても綺麗によくできていますからね」

（子どもたち移動する）

「歩くときもそういうふうにドタドタ歩かない。みなさん歩き方がきたないでしょ。そんな音しないはずじゃない。歩くときにドタドタドタって音さして歩いていて、表現のときだけきれいにやろうなんて、そりゃ無理なんだよ。いつもきれいな歩き方してなくては表現のときだってできません。

はい、やってみて、最初ね……、ちょっと音楽に合ってないんだよね。音楽のイメージと違うんです。もっと弾んでいるわけでしょ」

（表現し始める）

「はい、やめてください。

初めに戻ってみて、今だとやっぱり舞台の2人がかわいそうだから、この広いところにあれだけの表現って間が持たないから、もっとこっちも出したほうがいい。（舞台下のこと）そうだな6人、3人くらいがいい」

（男の子が6人出て来る）

「加藤先生の勉強だから。それでみなさん片ひざついて、舞台の上に2人出て来るまでの間が持てないから、出て来る直前にこの人たちが立って引っ込む、と今度舞台の上の人たちが出て来るってこういうふうなことができるといいんじゃないですか。

どういうふうにしますかね。みなさんも下向いていてください。それで音楽に合わせて顔を起こして今度はスキップで戻ってしまう、と今度は舞台の上が出て来るというタイミングになるといいわけ。一番最初は単純に。男の子大変だね、急に。でもどんどん急に言われたことができなくちゃね。できるようになるといいですよ」

（表現始める）

「……はい、ここで顔を上げてください。そうそう立って、引っ込む。（止められる。舞台の上に出て来る2人に向かって）今、出て来るタイミングを遅くして、そして、この人たちが出て来る音楽で引っ込んで、それでこの人たちが引っ込んだら出て来てください。

　もう一回やって。こうすると全体が動いてます。（舞台の袖で出を待っている子たちに）こっちの人たち見ててくださいね。

　（私に）こういう感覚だね、舞台の使い方の感覚っていうのは、これだけでも違うよ」

（表現始める）

「それで、出て来る人がちょっと早かったんだよね。みなさんも今までと違うんだよ。少しずつ少しずつ遅らせるわけ。できないかな。今のでもいいんですけどね。もう一回やってごらん。戻りながら、こっちが出て来るっていうのでもいいんだ。下がりながら出て来るってことにしよう。タイミングずれたらみんなずれちゃうでしょ。初めの通りに出てください。男の子うまいね。いきなりやったのにね。こっちが引いていくときと、あっちが出て来る出だしをうまく合わせてください。見なくても分かる、音楽をちゃんと聞いてなくてはだめですよ。音楽にピタッと合わせてください。そうするときれいになります。もう一度」

（表現する）

「（スキップで出る子2人に）最初の一歩もっとちゃんと大きく出て来る。最初の一歩バーンと大きく出て来る。そのためには出る準備しなくちゃだめですよ。この人たちがぱっと戻った瞬間にバーンと出て来なくっちゃ。出方がまだ中途半端なんだ。出ようかな、まだかな、なんて自信がない。もっと自信を持ってバンと。だからメリハリがつかないんですよ。はいやってください。こういうところをきちんとやらなかったら

表現の意味ないんですよ。こういう感覚、タイミングをきちっと子ども
たちが分かってる、見なくたってタイミングをはかれるっていうふうに
しないと。（表現する）そうそう。もっと弾み方を大きく、大きく。音
はたてない。

　（ポルカステップ、ギャロップの子たちに）出方が遅いです。ちょっとね、
10分の1秒ぐらい遅いんだ。だからみんなくずれてる、みんな。10分
の1秒も狂わないようにしてください。出だしがみんな遅いの。もう一
度。出だしのタイミングをはかってるんだよ。みなさんぼんやりしてち
ゃだめだよ。みんな遅れちゃってる、だから合わないんです。ピタっと
合わない。見なくたって友達が全部見えてる」

　（表現する）

　「そうだ、やわらかく。遅い遅い。だめだめ。形じゃなくってこうい
うことができないと。まだまだまだまだ神経が足りないんです。もっと
磨ぎすまされてなくちゃだめ。もう一回。今ね、この人たちまでとって
も良かった、ここから出て来る人たちがものすごくのろまだった。だか
ら全部ぶち壊し。壊さないでください。一人も気を抜く人がいるとみん
な壊れちゃう。くずれちゃう」

　（子どもたちから1、2、3、4、……という声が聞こえ出す）

　「そうだ、きれいだ。きれいだ。とってもきれいだから（バランスの
こと）いっぺんにやっちゃうともったいないから最初にこっちがやって、
すわってて待って、途中から切り替えてこっちがすわって、こっちがやる、
初めこっちがやって、こっちが主力ですからね（内側）。そして、今度
は本体がやる」

　（子ども同士は確かめ合ったり、待ち方のポーズについて声を掛け合
って「右足を立てよう」とか言い合っている）

　（私が「16拍あるから8拍ずつやる」と言うと、「数えてやるの」と言う）

「そうだよ、そのとき『ほら休みだ、休んで』なんてやっちゃだめだよ。やっている人に気持ちを合わせて」

（バランスの体型だけ練習）

「で、待っているときに、そういうふうに待っているんじゃなくって、ここでお話があるでしょ。ここでそのお話をするんだよ。それでこっちの人がやり出したら、こっちの人もお話を表現するわけ。そしたらもっと緊密になるわけ。今まだ待っているでしょ。だからまだ休んでいるなっていうふうになるでしょ。すわっているんだけど違う表現をしている。

　ここはどういう場面なの？　〈みんなが市場に集まって来て、売ったり、買ったりというにぎやかな場面なんです。〉そしたらそういう場面をここで工夫して作ればいいじゃない。すわりながら何かできる、すわりながらここですわりながら工夫して作ってみる。それでこっちもまたすわったときはまたなんかやってみる。それを自分たちで考えればいいんだ。何でもいいから。遊んじゃだめだよ。

　市場で何かしている表現をバランスをしているってことを頭において考えてみる。6年生なんだから、自分たちで。そういうことを自分たちで考えればいいんだよ。それでやってみてそれじゃ少しおかしいとかさ、またこういうふうにした方がいいとかっていうふうにしてやっていって考えていくと、どんどんいろんなことが考えられるでしょ。そういうふうにやるといいんですよね。みなさんここで休んじゃうから、一人でもお休みしたらだめなの。だから大変なんだよね。40人のクラスでしかできない表現ができるはず。もう一回ここまで通してやってみようね」

（表現する、3場面までいく）

「ここがね、ちょっとだめなんだなあ。みなさん戻るでしょう。戻り方うまいんだけども、戻って来る最中にこっちが出て来るんです。そうすると、こっちも見なくちゃいけないし、こっちも見なくちゃいけない

からごちゃごちゃしちゃうんですね。完全にこっちが背景になっちゃって、そのときこっちがパアと出て来るといいんだよね。それが今ごちゃごちゃなんです。だから戻るタイミングをもっと早くするか、あるいは戻る途中でもう小さいポーズになっちゃう。止まっちゃうかね。こんなに戻らなくていいから、それで向こうが出て来る。で、また何かのときにまたぱっと戻っちゃうとか、うまい拍子タイミングでまた戻りたかったら戻っちゃう。

　今はね、戻るのと出るのが一緒だから見る方が両方を見ちゃうとだめなんだよ。焦点がだめなんだよ。焦点はやっぱり向こうなんだから、戻り方はきれいだったね。それはいいんだけど、ちょっとタイミングが悪い。この辺まで戻ったらもう下向いて小さくなってください。（子どもたちどんどん動く）そういうふうにやってください。止まっちゃってくださいね。王女様はもっと堂々と出てください」

（バランスの体型からいく）

「もう一回だけ言うけどね、こっちがやってね、こっちがやり始めるとき、こっちはピタっと止まるっていうことが、今なかなかできないよね。それはうんとね気持ちを準備していないとできないことなんです。表現で一番大事なことはそういうことなんだね。バランスのステップとかね。こういうポーズが上手だけれど、そんなことはあんまり大事なことじゃないんだ。一番大事なことは何かって言うと、相手の動きに合わせて自分をコントロールできるってこと。今、相手がこういうことやっているから自分はこういうことをやるんだなって、絶えず全体のことを意識においてね。後ろに目はないけれどね。後ろだって見える。

　それで微妙なタイミングですよ。1秒の10分の1くらいのタイミングでピタッと自分の動きを自由自在にできるってことが……そのために表現をやるんですよ。

　みなさんそこが間違っているんじゃないんですか。はっきりそういう考え持ってないんじゃない。そうするとこんなことやっても意味ないね。そうじゃなくってどんな場合でも自由自在に自分でパッパッと判断して動ける。相手がこうやったときにはパーと自分が、相手が出て来たら自分はパッと引ける。相手が引いたら自分がパッと出ていけるていう、こういう微妙なタイミングでパッパッパッてできる。こっちが引いたら向こうがパーって出て来る。向こうがパーって引いたらこっちが出て来るって、こういうね。それをこれだけの広い空間でこれだけの人数がいる中で自由自在にできるようになることが、この表現のやる意味。まだみなさん、それがちょっと不十分なんだ。足んない。先生が今くどくしつこく、それはうんとしつこく言わなくちゃ。他がどんなに上手でも、それができなきゃ意味ないんだってぐらいの大事なこと。もう一回やってみよう」

　（表現する）

　「ほら、だめ。それはだめだ。今も同じことなの。今ね、この人が出て来る時間ていうのは、そんときにはもうみなさんパーっともう一糸乱れず、背景になってなくちゃ。この人だけにパッと光が当たるわけだからね。今ごちゃごちゃなの、みんな。それで、この人が出て来るときにも下がっている人もいるでしょう。それじゃもう遅いわけね。こういうことが一番だめなわけ。この表現で一番だめなことはこういうことなんです。

　もう一回やってください。曲に間に合わなかったら、そこでもう止まっちゃう」

　（表現する。3場面まで進む）

　「大きく、大きく、大股で。そうです。そのとき、みなさんこの女の子がせっかくきれいなポーズしているのに、ただこうやってウーンきれ

いだなって見てないで少しこうみんな応えてみたら」

（そうだよ。うん、うん、と男の子たちが反応している）

「ね、少し手を差し伸べるとか、少しやってください、音楽に合わせて、もう一回そこからやってください」

（3場面から表現する）

「大きく。腰から。そう。歩き方きれいだね。ここが同じ動きにならないようにするといいね。そうそう、そういうふうにするといいね」

（子どもが咄嗟に変えたのを見て。3場面の最後までやって、曲をきる）

「どんどんみなさん直された事をもう一回頭において、うんと自分たちで工夫してごらん。もっとうんと良くなるよ。……終わりにします」

　この手入れを受けて子どもたちは次のように書いています。

　この表現は「うまい」とか、「きれいだ」とかほめられると思っていたけど、まさか直されるとは思ってもいなかった。1の場面から少しずつ付け加えていったけど、一つ役が増えて良かった。でも、たくさん直された分だけ動く速さが倍になったので、大変だった。やっぱり加藤先生とは見るところが違うなっと思った。2の場面では、自分が一番前になるから頑張ろうと思ったときに、前の人たちが注意されたので、また初めから、間違えるたびに初めからという調子で、初めからを5、6回もやった。そして、自分たちが出る場面の所ではバランスを外側が初めやって、後の方で内側がやった。ここも2、3回やり直しをした。3の場面では、ステージの上で主役が出て来たら後ろにゆっくり戻っていたけど、箱石先生が直したのは、サーッと途中まで戻ったら、そこで座ってポーズをとるということだった。これも何回もやって成功した。いつチャイムがなったか分からないけど3時間

目の授業が終わった。箱石先生が来てたくさん直されたけど、表現ってすごく楽しいと思った。大変だったけどいい思いをした。

——Y——

　表現の時間には、ぼくはポルカステップをやっていました。いつもどおりポルカステップをやっていると、箱石先生が「出て来るのが遅い」「もっと弾んで」と言われ、何回もやり直しました。箱石先生から学んだことは、遅れないようによく曲を聞くこと、ステップをやるときはいっぱい弾む、心も弾む、見ている人も弾むっていうことを学びました。

——M——

　箱石先生が来る前の表現は何回やっても少し変わった所があっただけで、はっきり言うとあまり楽しくなかった。でも、箱石先生が来てから1の場面も男子が6人出て来てすごく変わりました。変わったところを何回もやったので私たちがスキップでやってもすぐ戻らなくてはならなかったけど楽しかったのです。私が主役の6場面は時間がなくって直されませんでした。残念、残念、残念。少し楽しかったのが10倍、100倍となり、教えてもらってとても良かったです。

——A子——

　ぼくが箱石先生に見てもらって良くなったのは全教科なんだけど、その中でも音楽と体育だけは格別によく学んだような気がする。その2つの内の一番は体育・表現だと思う。あの表現で箱石先生が〇〇の部分はこの方がいいよとか、このバランスは外側がやって、そして内側がやった方がいいよとか、色々変えていって、最後に、ウーンこのポーズはいいねーと言ってくれました。一番気に入ったのはS和ちゃ

んとおれとK章の3人でやった、一番初めの場面です。何回も何回も
やり直しをしたけれどなんかやるたんびに楽しくなったような気がし
て、うきうきしてきました。楽しいから時間がどんどん過ぎていって
しまいました。バランスの所のS和ちゃんとおれのポーズは一回で終
わってしまったので今度やるときは続けて工夫したいと思います。

——M和——

　箱石先生が来てくださって一番印象に残ったのはどれも同じぐらい
だけど私はやっぱり体育の表現だった。1の場面で私は太陽をやるけ
ど、そこの立ち方、腰をのばして堂々と大きく立つと言われて最初何
をどうしていいか不安だったが、すぐそれはなくなって息を大きく吸
って立つことにした。2場面に移った。2では出番はないけれどみん
なを見ていると楽しくなった。バランスをやるときは体育館が狭く感
じるようになったし、もっと見ていたくなった。3場面に移った頃に
は自分の考えを大切にしようと思った。いろいろあってたくさんこの
時間学べたと思う。

——H恵——

　昨日、私たちの授業を見てくださりに箱石先生が来た。箱石先生が
来るのは初めてじゃないのに、すごくドキドキした。なんか、なんか
箱石先生がいてくださることをすごくいいなって思った。表現のとき
が私は一番良かった。裸足になって足を氷の上に置いてるみたいで、
とっても冷たかったけど、みんなでつくった表現が少しずつ変わって
いって、少しずつ良くなっていって、何回も何回も同じ所をやり直し
てやっぱり箱石先生が来て良かったと思いました。　　——Yり——

　1時間目に表現の練習をして、3時間目に見てもらいました。初めに今までやっていた通りにやって、それから、いろいろ直してもらいました。私は1の場面なのでちょっと緊張しました。それから曲が始まって、S山さんとAきちゃんがポーズをとって、私とNさんがスキップで出て、Aきちゃん達の回りを回ってから舞台のそでに引っ込んで、それからいろいろ直してもらったりしました。2の場面や3の場面も直してもらったらチャイムがなってしまって、そこまで通してやって終わってしまったけど、このまんま続けて、最後まで直してもらいたかったです。それに、この表現は楽しいし、この曲も好きだし、いくらやってもあきないと私は思います。箱石先生が来た後はやる気が出て、いろいろスムーズにできるようになるからまたいろいろ教えてもらって、いろいろ直してもらいたいと思います。　──Y子──

　箱石先生が来てくれた今回は、国語や表現や音楽を見てもらったけど、表現では正直言って手直しされるとは思わなかった。でも、さすが加藤先生の先生の箱石先生は1の場面の太陽の昇る所から少しずつ手を加えていった。ぼくは1の場面でステージの前であんなことをやるようになるとは全然思いもつかないことだった。それによってリズムが少しとりにくくなったとしても、それに合わせようとするみんなや、もう少しこうしたほうがいいとかいろいろ教えてくれる箱石先生はすごいと思った。一番にすごいと思ったのは「出るのが10分の1秒ぐらい遅れた」の一言だった。その10分の1秒という長さは本当にあっという間に過ぎるのに、そのほんの少しの時間でも遅れればやり直すという所がすごいなあと思った。そして、3の場面、ここは前は女子全員でやって男子はその回りでポーズをやったりしたけれど、箱石先生が言うには、3の場面の最初の4つで戻って、4つ終わった

らすぐにすわってうつむくとかポーズをすぐやるように言われ、今度は３の場面に男子も少し参加するようになった。そして、さあ４の場面で盗賊とかが出るところの出方を少し直してほしかったんだけれども、そこで３時間目終了のチャイムが体育館になったのか、夢中になっていて聞こえなかったんだけど、とうとう３時間目が終わってちょっと残念だった。でも今回の表現の時間ほど短く、楽しく、そしてやりがいのあった時間はなかったと思ったり、みんなと動きを合わせるのが難しいと思った事はないと思ったりしました。今回は今まで以上にとってもいい時間でした。
　　　　　　　　　　　　　　　　　　　　　　——Ｓ——

　いろいろなことを学ぼうと学校にきました。表現の時間、箱石先生はこれを見てどう思うかなと考えながら先生の話を聞いていました。主役でなくとも一つ一つの場面に、その風景を出し、楽しそうに悲しそうにやってゆこうと思いました。朝の静かな市場の日の出、それをＳ山さんとＡきちゃんが太陽に、Ｙ子ちゃんとＮさんが太陽の周りをスキップで回っている。太陽がきらっと光っているような様子、なんかその場面が思い浮かびます。とてもいいと思ったのですが、箱石先生が少しつけたしをしてくれました。その方が風景にもつけたしが出ていいと思いました。その場面を何度もやって１場面の最後らへんになったら、ポーズをやっていた私たちがギャロップ、カット、ツーステップでおどりながら出ていきます。けれども、出だしが遅くてやり直し、「出るのが10分の１秒くらい遅い」と言われ、市場の用意をするところからやり直しをしました。曲が始まってすぐ出たと思ったのに、また遅れてやり直し、今度こそっと思ってやったら続けられました。うまくいったぞ。バランスは軽く、手を下から上とやっていく。リズムにのらないと合わないので出始めをやり間違えると一人だけず

れてしまうのです。タッタッター、タッタッター2場面の終わり、N
さんが出て来る、と思ったら、箱石先生が「ここをみんなでやらない
で、最初はじがやって、16拍数えたら変わるっていうふうにやったら」
と言われ、それを初めっからやりました。バランスを16拍数えてや
るのに、前と同じようにずっと踊っていて、気が付いたらみんなすわ
っていた。わたしってバカ。3場面、Nさんが静かにゆっくり歩いて
来ました。すごくきれいで、つまさきからすっすっといってみとれち
ゃいます。つまさきが伸びていて、手が足の方からすーっと出ていて
きれいでした。わたしがホローで出ていきました。うまくできている
かななどと思っていました。表現はもっとうまくなると思います。

——M美——

　3時間目は表現だった。1回通してやってみました。そしたら「と
ってもいいね」と言いました。「もう1回やってごらん」と言われて
もう一回。音楽を流して箱石先生が手をたたいて、「こっちに3人、
こっちにも3人来てごらん。しゃがんでだんだん顔をあげて、それで
横に去って、舞台の人は下の人が去ってから出て来て」と、どんどん
変わっていきました。2の場面でツーステップとギャロップが交差で
出て来ます。「出だしが遅い。もっと早くでなきゃ」と。それを2、3
回ぐらいやり直しました。できて、バランスに入りました。「この両
はじがバランスやって、真ん中はすわってポーズをとる。そして今度
は真ん中がバランスをやる」と言った。そしたら変わるタイミングが
どうしても合わなかった。そして「表現はね、ステップとかが大切じ
ゃないんだよ」と、いろいろ話してくれました。タイミングがあっ
て、3場面にいきました。2の場面で出た人は3の場面で分かれました。
その分かれていくときにNさんが出ると、両方見なければならないの

で、3の場面に入ったらすわってポーズをとると言われました。そして、3の場面で終わってしましました。「これからも続けるととてもいいのができるよ」と言ってくれました。みんな昨日はとてもがんばったと思います。昨日の勉強は楽しかったです。　　　　　──J子──

　ぼくは箱石先生が来て、だいぶみんな変わったなあと思いました。歌のことや表現のことなどです。表現の場合、ただすわっているだけではなくて、そのときも手などをあげたりして、すわっているときもなんかやってなくちゃだめなんだなと思います。ぼくはみんな大きく体を動かして表現してるとつくづく思いました。箱石先生はどうしてそういうことを教えられるんだろうと思います。箱石先生が来るたびにみんなの心が豊かになるよう気がします。ぼくはとにかくすごい先生だなと思います。だから、箱石先生に教えてもらって本当に良かったなと思います。　　　　　──K章──

　私は昨日一日の中で表現が一番良かったと思う。表現をやったのは初めてだけど、私はすごく好きになっていたからです。見てもらうときはなんて言われるんだろうと思って、少しドキドキしたけど、思いっきりやった。そして2回目からどんどん変えてもらってどんどんやった。見ていて、あっ、この方がきれいだなと思った。私がやる所も前はずっとバランスをしていたけど、途中ですわることになった。でもなかなか合わなくって、すわるのが遅れてしまう。箱石先生に周りに気を配るようにみたいな事を注意されて、ようしゃってやろうと思った。それからなんとか合わせてすわれるようになり、少し安心した。後もう一つ大変だったのがある。ポルカステップの出だしが遅れていると言われ、どうしたらいいんだろうと迷った。でもよく分からなか

ったので、気を付けよう気を付けようと強く思った。そしてやったら何も言われなくて良かったんだとうれしくて、気を付けようという気持ちがどこかに飛んでいってしまったような気がした。箱石先生はいすにすわってじっと見ていた。何か言われると思ってドキドキしていたけど、だんだん何か言われて、それを直せば絶対それがプラス（＋）になると思うようになってきた。音楽だって国語だってそうだと思う。箱石先生が来て、歌うときの声の出し方や、詩を読むときの読み方などたくさん学んだ。もっともっと教えてもらいたい。これから箱石先生に教わったことちゃんと覚えていて、生かしていきたいと思った。

――Ｅ子――

　表現は初めて取り組んだものだけど、本当に一人ひとりが考えて、一人ひとりが動いて作ったものだから、私は表現の時間が大好きだった。そして、みんなの動きが気に入っていた。1の私の出る太陽の場面なんかは、これで良いと思って満足していた。しかし、箱石先生の言った通り、考えてみれば大きな体育館の中を、Ｈ恵ちゃんと私の2人だけでは、広～い体育館になってしまう。自分を大きく見せるには胸を広げ、手を伸ばし、遠くを見つめる。今まで私がやっていたのは、大きな体育館で小さな動きで、場面場面の表情を大切にしていなかった。音楽に合わせてなりきるはずなのに、ただ音楽を聞いて、いつも同じ動きで表情がなかった。表現というのは言葉がなく、音楽を聞いて場面（表情）を作っていく。だから、毎回毎回同じ動きをしていたのでは、話が続かないと思った。いつも話が頭の中にあって友達が違う動きをしたら、それを自分の中で受け止めて考えて、その動きに合うように応える動きをするということが大切だということが分かったように思う。今までは、この考えがあやふやだった。何となく先

生に言われて分かっていたように思ってもいたが、やっぱりどういうことかは分かっていなかった。それが箱石先生が教えてくれたことで、自分の中ではっきり分かった。10分の一秒も遅れてはいけないのは、この響き合いができなくなるからだめなのだ。「みんなが結ばれてる表現」と、箱石先生が言っていたのが分かったような気がする。

——Aき——

指導を受けてからの子どもたち

　箱石先生に見ていただいた日の翌日から子どもたちが今まで以上に動き始めました。「先生、表現やろう」「そうね。でも場所ないよ」「じゃ、ぼくたちが体育館借りてくるから」そして他の学年の先生の所に交渉をしに行って、「先生、どうぞ使ってくださいって言ってくれたよ」とにこにこして教室に帰ってくるのです。学級でバレーボール大会をするとか、バスケットをするとか、レクリエーションをするとかには、こういうことはありました。

　しかし、表現で子どもたちがこういうふうに動き出すとは想像もつきませんでした。そして、監督役の子が3人体育館の中央に陣取って「4場面の盗賊の出て来る所がごちゃごちゃしてるから、もっと広がって、一人ひとりがもっと自分で盗賊になるといいよ」と、まず感想を言いました。すると、Dくんが後向きに辺りをうかがうようにして出て来るようになりました。それを受けてMくんががちがちの固い動きを柔らかな、メリハリのある本当に盗賊らしい足どりで出て来るようにと変わりました。そして、1時間終わって教室に帰りながら「箱石先生が手のひらは下向きがいいって言ったろ。おまえそうした方がきれいだったぞ」と、KくんがAきちゃんに言っているのを耳にして、何だかすごく感動してしまったのでした。そして、この子どもたちの変化を14日の多摩の会が終わった後、会場の通路で箱石先生に話しました。先生はとても興味

深く子どもたちの変化を聞いてくださり、「どこまでできるか取り組んで、合宿に持って来てごらん」と言われ、子どもたちに「箱石先生がどんなにすごい表現になるか見たいって言ってたって言ってさ」という、言葉まで教えてくださいました。子どもたちがこんなにすごく変わってきているのを感じながらも、このまま続けたらいいものか、迷っていた私を見抜いて励ましてくださいました。

　そして16日（月）朝の会で多摩の会でのことを話し、さっそく3時間目に取り組みました。いつもなら私が行くまでバスケットをしたりしてざわざわと騒々しく待っている子どもたちがビデオカメラの用意からカセットデッキの用意は勿論のこと、それぞれのグループになって相談したり、ステップの練習をしたりしているのでした。「ここはスポットライトがどこに当たってるか分かんないから、中心作ろうよ」とか監督役の子が言って、「どうする？」と言うと、様々にいろんな子が意見を言い、それをそれぞれ自分がいいと思った意見の動きで動いてみて、背景役の子が監督と一緒に見て、「○○の動きでやろう」なんて決めていきました。

　私の仕事は子どもたちの決めたことに「いいね」とうなずき、それを子どもたち全体に広めることと、テープかけが主な仕事でした。

　20日（金）短縮授業で給食もなくなった放課後、私がどうしても変えたいと思っているところを15分間で動きながら話しました。3場面でフロアに出て来る女の子がみな同じウォーキングでゆっくり出て来るところを変化を付けて小走りに出るとかして変化を付けてほしい。8場面の組体操の波はどこにスポットライトが当たっているか分からないので、波は表現にならないので、そこを変えてほしい。この2つを話しました。波については子どもたちがすごく気に入っていましたから、とても抵抗があったようです。でも、スポットライトの話でお気に入りの波

はさっさと捨ててしまいました。そして、男の子たちの立ち姿を生かした表現に変わっていきました。20日の日記に表現を先生が自分だけの意見で変えて、ちょっといやになったというのが2つ出て来ました。でも、その2つの日記を書いてきた子どもたちはその前にこんな日記も書いてきていました。

　私はこの表現が大好きです。4組全員が力を出して、みんなで意見を出し、4組の人たち全員で作ったものだから大好きです。一番好きなのは女子全員でやる3の場面と男子全員でやる戦う場面が何といっても好きです。女子は女の子らしい感じが出て、さすが女子みたいで、男子は男の子らしくて頼もしい表情が出ているからです。この2つの場面は4組の男の子と女の子の性格が表れているというか、4組という感じがするのです。わがままだけど、一回でもいいから林小の先生方にこの表現を見てもらいたいなって感じがします。みんなは「いやだーっ」て言うかもしれないけど、すごく自慢したいのです。

——K子——

　この頃になって、やっと表現が一番授業のなかで好きになってきました、前は面倒くさいなあと思っていたけど、この頃は全然思いません。しかも、この頃は先生にほめられたりしているけど、Nさん達に比べれば、あと10年位かかるようなうまさきれいです。もっともっとうまくなってNさんたちに追いつきたいです。あと2学期中にせいぜい表現を一回は絶対にやりたいけど2回できたらいいなあ。2学期中にやって、もっとうまくなりたいです。

——D——

（学級だより「空」126号）

　こんなに自分たちでやって、友達とつながる楽しさを味わっていると
きに、私がむりやりお気にいりの場所に注文を付けたので、「先生が勝
手に変えるように言った」と素直に受け入れられなかったのです。でも、
ここでは引けないと思いました。終業式の後に校長先生にこの表現を見
てもらうことにして、あと一回取り組みました。

　21日（土）最後の取り組みです。前日の私の注文をしっかり受け止
めてくれて、どんどん変えていきました。音楽に合わせて、子ども同士
が目で合図したりして、自分たちでどんどん変えていくのです。38人
の子どもたちが目に見えない糸で結ばれているように、一人ひとりが
応え合っているのです。「対応」という言葉をよく耳にしていましたが、
この子どもたちを見て、すごく分かったような気がしました。本当に子
ども一人ひとりが応え合っているのです。対応しているということを納
得できたのでした。そして、それが子ども一人ひとりの心地よさとなっ
ていて日記にも「○○さんがきれいになった」とか「○○くんは毎回違
う動きを生み出していて、今日のが一番音楽に合っていた」とか、「○
○さんのように大きく音楽を感じて動けるようになりたい」とか書いて
きて、クラスの友達一人ひとりを大切に認め合っているのでした。音楽
をよく聞き、感じ、友達一人ひとりをよく見て、新しい表現を毎回創っ
ていったのでした。

　24日（火）終業式が終わって、校長先生に見ていただく日が来ました。
終業式だというのに6年4組の子どもたちは半ズボン、ブルマの体育着
姿です。その最後の表現を前に私の表現に対する思いを学級だより「空」
127.8号に書いていって、読みました。それは次のようなものです。

　　先生の思い──表現について日記に書いてきた人、いっぱいいます。
　　それだけ、この表現っていう授業はみんなの心や体のなかにいろんな

ものを創ってくれているんだろうと思います。10日に箱石先生に見てもらって、表現での教師の仕事ってのが少し分かりました。みんなに任せる仕事には絶対口出しはしない、でも教師の仕事ってときにはばっちり要求はして、絶対に応えてもらうっていう仕事分担についてもです。例えば、ポルカステップとギャロップで人々が動きだす場面のとき、ポルカステップやギャロップの中で一人ひとりが「これから働くぞー」とか「みんな市場に集まって楽しいなあ」とかその動きの意味付けをしていくことに先生はいっさい口出しはしません。「イメージを具体的に持って」とは言うけれど「そのイメージはおかしい」なんて絶対言いません。だから、日の出のとき・前で男子6人がねむるポーズをしているとき、T田ちゃんがイメージしているように植物に日が当たりだすと考えようが、オアシスの水面に日が当たりだして反射していると考えようが自由です。

　しかし、何も考えないでただポーズをしていると、その人だけすごく異質なものとして見えてきます。バランスでみんながにぎやかに市場に集まった楽しい様子を表すとき、イメージなくバランスをしていると、それを見ている方はかえって苦しく感じます。3の場面で楽器を奏でる美しい娘が出て来るとき、その姿にうっとりとしているのか、その音色にうっとりしているのか、それともそののどかな平和な空気にうっとりしているのかイメージがつくられると、ポーズが美しくなります。この頃のDくんの背中はプロのバレエの踊り手のようにきれいです。きっと彼の中には何かはっきりしたイメージがあるのだと思います。で、そのイメージは一人ひとりが自由に思えばいいことで教師が「こう思え」なんて口出ししません。きれいになった人をほめるのに一生懸命になります。

　しかし、同じ3の場面でMやくんやMちゃんやJ子ちゃんやE子ち

ゃんやといろいろ先生が注文して変えたのは、みんなのつくる空間や
時間に変化を付けたかったからです。いつもゆっくりゆっくりウオー
キングで出て来ては変化がありません。だから、小走りで登場するよ
うに変えたのです。それで、そこののっぺりしていた時間の流れが引
き締まりました。Ｊ子ちゃんにもっと前に出るように注文したのは空
間を広く見せるためです。こんな変化などのことまで、みんなの力で
やりなさいっていうのはコクってもんです。そして、大きく変わっ
た８の場面。箱石先生にスポットライトのことを教わりました。中心
は一つだってこと。すると舞台の上で側転などをしているとき、下の
フロアでこちゃこちゃ動いていてはどこにスポットライトをあててい
いものやら分かりません。波にあてるのか、前で美しく踊る女の子た
ちにあてるのか……。そして、悩んでいるとき、ＨくんのＭくんのＤ
くんのＭ雄くんのＭ和くんの……大勢の男の子の立ち姿の美しさに気
が付きました。そうだ、立つだけで、平和への喜びを出してもらおう。
一回後ろから前へ向きを変えるだけで、その喜びを更に大きく表現し
てもらおうと思いました。そのとき、平和であるどういう喜びを男の
子一人ひとりがどうイメージするかです。再び美しい妻と暮らせるよ
うになった喜びか、心のやすらぐ歌を聞ける喜びか、再び市場で安心
して働ける喜びか……具体的に一人ひとりがイメージして動いてほし
いと思います。女の子は動いて、その体全体の動きで喜びを表し、男
の子は静かに心をしみじみと表現する――そして物語の終わりです。

（学級だより「空」127号）

　みんなの表現を見ていて――先生がみんなの表現を見ていて日に日
に男子が清潔で美しくなっていくのを感じています。立っているだけ
で、背中や胸がとてもきれいです。そして、その人の心の深さがちゃ

んと表れます。ただ、みんなにつられてやっているときは少しもきれいじゃありません。それが何か少しでもイメージが出て来ると、パーッと変身します。土曜日に盗賊の娘をとりあう場面で、Ｄくんが後ろ向きに動いて表現しました。すると、Ｄくん自身もパーッと美しくなりますが、舞台全体がパーッと具体的なイメージがわくように変化します。同じ場面で以前はみな一列に並んでいたのを、Ｔ晃くんたちが少しでこぼこに立って表現し始めました。それで、たったそれだけで舞台全体が豊かになります。Ｍ岡さんが３の場面で初めウオーキングをしてから小走りに出るように変えると、それだけで美しさが増します。８の場面でＯくんとＥ本さんが両わきから出て来るように変えると、それだけで舞台が整然とした雰囲気を持つようになります。ここに挙げた人たちはみんな計算をして表現を変えたわけではないのだろうと思います。自然とやっていたのだろうと思うのです。しかし、それが表現をすることだと思います。自分の中にできたものが自然と体に出て来る……これがみんな・子どものすごさだと思います。感覚の鋭さだと思います。大人ではこうはいきません。自然ってわけにいかないからです。だから、みんなにはかなわないと思います。そして、こういうふうに自然に表現できる人たちだからこそ、表現のことを任せられるのだと思います。先生がほめられるとしたら、４組の子たちはきっと表現ができる子たちだって思えたこと位ですね。今日 24 日は校長先生に見ていただきＶＴＲをとります。よく音楽を聞いて、一人ひとり具体的なイメージをつくつて表現してみてください。

（学級だより「空」128 号）

この２つの文章を読んでから、校長先生に見ていただいてＶＴＲをとりました。それが、「君たちは天才だ」の表現だったのです。

君たちは天才だと言われてから

　3学期始業式に冬の合宿でのことを子どもたちに話しました。子どもたちは本当にうれしそうに喜びました。私は「残り63日を思いっきりみんなから学ぶ毎日にしたいと思ってる」と、話しました。そして、卒業の日までの大まかな予定を示しました。あの表現をしているときの引き締まった、響き合った、柔らかだった、やる気満々のクラスのまま3学期も進むだろうとその喜ぶ顔を見ながら思いました。何せ冬休みの子どもたちのやる気いっぱいの学習にびっくりさせられました。

　宿題は書き初めだけでした。でも、日記を続けた子、英語をやり出した子、漢字練習をした子、算数を復習した子と、とにかく自分で勉強した子が予想以上にたくさんいたのです。そして、その日から自主勉強と名をうった個人勉強がさかんに始められました。

　一人ひとりが勉強を探してやってきました。勉強が楽しいと大勢の子が言いました。3学期の算数でいつも苦労する「単位の換算」もそれぞれの子の工夫で難なく乗り越えられました。1、2学期には経験できなかったほどのペースで授業が進みました。一人ひとりがすごいやる気でした、輝いていました。でもクラスとなると今一つ盛り上がりませんでした。林小学校恒例の縄跳び大会でクラス対抗の集団縄跳びで5分間に2チーム合わせて1000回以上跳んで一位になっても、一人ひとりは喜んでいるのだけれど、クラス全体が今一つわきたたないのでした。何か物足りなさを感じていましたが、どうする手段も考え付きませんでした。

　クラスのお母さんお父さんの呼び掛けで、2月15日（土）に"お別れ会"ということで「ペルシアの市場にて」の舞踊表現や合唱を保護者の方に見ていただく機会を作っていただきました。

　前日の14日（金）に「ペルシアの市場にて」の復習の時間を一時間取って練習しました。その練習を終えて体育館から教室に帰るときから

　何か子どもたちが変わりました。一人ひとりは今までと変わらないのだけれど、何かクラスの全体が作り出す空気みたいなものが、新しく息づいたように私は感じました。そしてその日の放課後から3学期になって沈滞ムードだった遊びに集まれる子が集まって遊ぶという学級レクリエーションが様変わりしました。校庭いっぱいに大きな声を響かせて、男の子も女の子もクラスの子といるのが楽しい、うれしいというように再び輝きだしました。たった5分余りの表現をしたことで、どうしてこんなに変わってしまうのだろう、いったい表現って何なのだろうと思いました。表現の魅力、魔力みたいなものをすごく感じました。そして15日（土）。子どもたちはおうちの方々に見ていただくのがうれしくてたまらないといった顔で体育館に集まりました。

　そこで見ていただいた「ペルシアの市場にて」の表現は箱石先生にほめていただいたものとも、昨日練習したときのものとも違ったものをみんなで作っていました。以前よりも柔らかで自由ではあるけれどつながっているといった表現をしているなあと思いながら見ていました。見ていたお母さんの多くの方が涙を流しておられました。本当に子どもってすごいと思いました。後日、見に来ていただいていたお母さんからお便りをいただきました。

　土曜日の学級ＰＴＡ活動、本当にありがとうございました。とてもとても楽しくて幸せで感動的なひとときを過ごさせていただいて、すばらしい思い出を作ることができました。すぐにお便りをと思いつつ、日曜日から大阪だの和歌山だのと出張で、出張先からＦＡＸでもと思ったくらいでしたが、体力と気力がいまいちでした。
　けれど、今でも時々——あれからもう3日以上もたっているのに「ペルシアの市場にて」や「ほろほろと」「空」の一節が頭のなかとい

うか心のなかというかで、ふっと聞こえてくるくらいです。何でそん
なに感動したかっていいますと、特に「ペルシアの市場にて」のとき
に圧倒的に感じてしまったのですが、つまり一人ひとりが、どの子も、
男の子も女の子もみんな一人ひとりすてきで（手指の先から足先まで、
ピンッとはりつめてるのにしなやかで心が通っていて）そして、その
上そのすてきな一人ひとりがみんなとつながっているということです。
これはすごい力で私に迫って来ました。だって普通こういうとき、平
凡な一人の親としては自分の子を一生懸命見ちゃうのが人情でしょう
が、どの子もどの子もみんなきれいで、すてきで、一生懸命なのが本
当に美しいから、みんなを見てしまうのです。そして、そんなふうに
すてきな一人ひとりが、他の人とちゃんとつながり合っている、ひび
き合っている、交流し合ってるってことが、波みたいに伝わって来て
しまって、ついには平凡な一人の親は、こんなすてきな仲間のなかに
いるわが子がもう一度新しい目で見えてきてしまうというか。何より
うれしかったことは、こんなすてきなひとときを、思ったよりもすご
くたくさんのお母さんお父さんが来てくださって、いっしょに過ごせ
たことですが、それだけに来られなかったお父さんやお母さん方にも、
〇〇ちゃんも〇〇くんも本当にすてきで、その人らしくて美しかった
んですよって、お伝えしないでは申し訳ない気がしています。人がそ
の人の感じることや思うことを表現する力、そして他者の表現を受け
取り交流し合う力を、私は最も大切な〝生きる力〟ではないかしらと
考えています。残念ながら日本の社会も教育も、そうした力を大切に
育てるよりは、小学校・中学校と進むごとに、おさえつけたり捨てさ
せたり、萎えさせたり、削ぎ落としたりする方向に向かっているとも
言えそうですが。でも、そんな中でこんな子どもたちが育っており、
こんな子どもたちを育てることのできる先生と学校とが身近にあると

いうことが、ついつい焦りがちな非力の私をとても力強くやさしい気
持ちにしてくれたのでした。

（学級だより「空」169号）

　この15日をきっかけに個人個人で頑張っていたのが、クラスとして
響き合うようになりました。そして、卒業に向けて走りだしました。ほ
とんどの子が進む市立M中学校の一日入学を経験すると、〝トイレにい
くとすごく汚い。ぼくたちが入ったらもう少しきれいにしたいなっと思
った〟などと、日記にも書いてきたり、例の放課後の学級レクリエーシ
ョンの様子が変わったりしました。それまでのレクリエーションは時間
のある子が校庭とかに集まってサッカーやバスケットをみんなでやって
いたのですが、ある子たちは中学校で使うという大きめのバスケットボ
ールを自分たちで買ってきたり、月刊「バスケットボール」などという
雑誌を買って来たり、バスケットボールのルールブックを買って来たり
してバスケットを練習し始めました。

　またある子たちは、バレーボールを練習し始めたり、今までのサッカ
ーも自分のポジションを決めて練習し始めました。そしてお互いに「キ
ック力がついた」とか「シュートがよく決まるようになった」とか「も
っと体が柔軟にならなくちゃだめだ」とか言い合って遊んでいるのです。
この頃、レクリエーションの様子が変わったね。なんて、またもや呑気
に私が言うと、せっかく中学の部活動をやるならレギュラーになりたい
もんと言うのです。見通しを持って自分たちの生活を創り出している子
どもたちを見て、負けるなって思いました。そして、次のような日記も
出て来ました。

　もう、表現や歌の時間がそんなにないんじゃないですか？　表現は

みんなの力を合わせればなんとかできるかも。歌は早く、早く。利根
川を完成させてやらなければならない。早くやんないと表現が……。
今とてもやりたいのです。早く時間作ってやろう。　　　──D──

（学級だより「空」182号）

　表現「利根川」に本格的に取り組んだのは２月の下旬頃からです。国
語で「最後の授業」にも取り組みだしていました。体育では台上前転（台
上頭支持前方転回）をほぼ全員ができるようになっていて、もっと美し
く大きくやろうとしていました。そして卒業式の練習も始まりました。
Ｄくんの日記どおり、私の計画が甘かったのです。利根川が音楽室での
練習では満足できなくなって体育館で練習したいと思った頃には、卒業
式の練習で椅子が並べられ自由に使えなくなっていました。椅子をどか
して、4度ほど練習しました。音楽室ではきれいな合唱になります。でも、
広い体育館になると自信がなくなります。広い空間を 38 名でうめられ
なくって、朗読や身体の表現はそれでも何とかなりますが、合唱がどう
にも貧弱になりました。歌で表現するって難しいと、子どもたちも口々
に言い、私もどうやったらいいか、ただ練習しかないのか、私がイメー
ジを入れられればいいのかと、焦りました。焦っても、朗読やポーズな
どは変わっていきますが、合唱はなかなか良くなりませんでした。朗読
ではそれまで余り人前で話すことが得意じゃなかったＹ子ちゃんの声が
ちゃんと聞こえてくるのです。Ｍ美ちゃんと2人で堂々と朗読している
のです。Ｍくんがタイミングをとってポーズからポーズへと移動して表
現しています。でも、かんじんの全体合唱がなかなか変わりませんでし
た。そしてとうとう校長先生と有志のお母さん方にみていただいてＶＴ
Ｒを撮る3月23日になりました。みぞれ混じりの寒い日でした。子ど
もたちは裸足になり最後の表現「利根川」を演じました。伴奏は練習の

ときからずっと付き合ってくださった、音楽専科の井上先生です。発表後、校長先生は「こういう取り組みは卒業してからも良い思い出となり、力になるだろう」という内容の感想を子どもたちに話してくださいました。お母さん方は「この利根川は難しいですね。人間の心を表現するのだから大変な作品ですよね」などと感想を言って寒い寒い中を帰っていかれました。後悔もあるけれど、このすばらしい子どもたちとの表現の取り組みは終わりました。

　私は学級だより「空」の 196 号に次のように書きました。

　こんなふうに最後の最後まで授業をやって卒業生を送り出すのは初めてです。というより、最後の最後まで追求し続けて 25 日を迎えるのは初めてです。いつもは何をしていたのか――とにかく時間が足りなくて、ああこれもできない、あれも、……教室もきれいにしなくちゃいけないし、卒業式の練習も教室でやらなくてはだめだし、お楽しみ会の時間もあげたいな……という状態で 25 日になってしまいました。しかし、君たちとの卒業は違います。最後の最後まで力不足の自分をさらけ出して追求できる……本当にうれしいです。「利根川」を見ていると、まだまだ一人ひとりが輝きが増してくるのを感じます。君たちの可能性はどこまであるんだろうと思います。「最後の授業」で課題をみんなで追求していくと、ごちゃごちゃしていた頭の中がすっきり整理されていくのを感じます。（これが自分でできるようになったら私もたいしたものだ） 4組の特徴は決まった主役がいないことです。場所、時間、場面で主役がどんどん変わります。そのことで追求が深まるのだとこの頃感じています。

（学級だより「空」196 号）

　この子どもたちは表現の取り組みを通して本当にいろいろな力を見せてくれました。卒業式の練習でもこんなことがありました。

　よびかけ練習をしているときのことです。一人でいう言葉をうけてグループで言ったりするときに受けが悪かったり、盛り上がりが悪かったりすると、私の知らない間に人数をかえたり、言葉のフレーズでいう人をかえてみたりという工夫をどんどん自分たちでやっていってしまいました。「あら、さっきより数段良くなったじゃない」と、何も知らずにほめると、にこっとしながら、「○○ちゃんと○○ちゃんにも言ってもらうように頼んだの」というのです。「ぼくが言って△△が言って、それで最後の言葉は3人で言うことにしたんだけど、聞いていてどうだった」などと聞きに来るのです。「□□の受けがすごく良かったと思わない」などとも言ってくるのです。わたしは、ただただ良くなったよーの連発で子どもたちのすごさをまたもや見たのでした。勿論、教室に帰ってクラスで練習なんてことはしなくてすみました。こんなに楽な気持ちで卒業式練習に参加できたのはこの子どもたちだからです。

　また、卒業式の当日にはこんなことをこの子たちはやってのけたのです。それは、最後に歌った「空」でのことです。3部合唱で1、2、3組が高音、4組中音、5組低音とすることにしました。3場面の“なおとおく”を低音からどんどん受けていくところがどうしてもしりつぼみになってしまっていました。練習中何度も「先生、4組の高音の子が高音歌っていい？」と、たくさんの子が言ってきました。私は「それはやめとこう」って言ってやめさせていました。そこが盛り上がらないことは重々感じていましたが、1、2、3組の子どもたちに悪い気がして、4組の子どもたちの申し入れを受け入れることができませんでした。最後の練習で井上先生が子どもたちの考えと同じことを言い出してくださいました。子どもたちは「やったー」と言ってすごく喜びました。そして歌ってみると、今度は4組の中音の受けが弱くなったように私には思えま

した。しかし、もう手入れの時間がありませんでした。クラスに戻って一言言っておこうと思いながら解散しました。なのに、その一言を忘れました、それどころか本番で子どもたちが歌うまですっかり忘れていました。本番で子どもたちは平気な顔をして前日の「空」とは違う歌い方をしました。それは、"なおとおく"で低音を中音としてしっかりクラス全員で受けて、そして高音の子はもう一度高音として受けるっていう歌い方でした。前日中音の受けが弱くなったってことを子ども一人ひとりが感じていて、誰言うとなく工夫したらしいのです。泣いている子もいるのに、こんなの簡単さと、言わんばかりにほこらしげに歌いました。

　こういう子どもたちになったのは、どう考えても「表現」をやったからです。一人ひとりを大切にして、それでいて響き合って対応し合って本当に子どもってすごいです。無限の力を持っています。そして、そのすごい畏ろしい無限の力をどの子も平気で当たり前といった顔で出してきます。

「利根川」に取り組んでからの感想から

　　私たちが表現をするのはこれで2回目です。はじめてやった「ペルシアの市場にて」の方は今までやったことがなかったからかもしれないけど、15時間くらいかかり、自分たちで満足するものができました。次にやった「利根川」は卒業式の練習もあり、「利根川」に取り組める時間が少なく、大変苦労しました。歌を覚え、朗読する場所を決め、クラス全員38名で「利根川」ができるようにしました。自分で想像して、利根川の花になるのか、草になるのか、自分が何になって利根川を見ているのか考えました。そして、3月23日、校長先生にも見ていただき、いろいろ言ってほめてくださいました。私は、表現は人間にしかできない想像を使って創る、人間の美しさを表すものだと思いまし

た。　　　　　　　　　　　　　　　　　　——N子——

　ぼくは、表現というのは、音楽に合わせておどる「ペルシアの市場にて」のようなものだとばかり思っていました。利根川のようなものもあるのだなと思い、初めてなので、どのようにやればいいのか分からなくて最初のうちは表現「利根川」がどのように始まってどのように終わるのか、よく理解していませんでした。なので、なかなかみんなと同じように、利根川を想像していけなくて、「ペルシアの市場にて」の方がいいなーと思っていました。歌も時間がないので少ししか練習していなかったので自信が余りありませんでした。だけど、練習していくうちに、いま、自分が何になっているのか、ここは川のどこなのか、ということなどを考えるようになり、一生懸命じぶんのせりふを言いました。不思議なことに、表現をやっていても、ぜんぜんはずかしいことなんかない気がします。この「利根川」も、もうちょっと時間をかければ、もっとすごいものになったと思います。　——K——

　最初の表現「ペルシアの市場にて」は朗読が入っていなかったから結構恥ずかしさがなかった。でも、利根川は朗読、合唱が入っていた。最初、利根川をやったとき、いやだなと思っていた。一人ひとり何かをイメージして表現する。それに、一人で朗読したり、グループで朗読したり、もういやだと思っていた。でもだんだんやっていくうちに恥ずかしさも消えて、楽しくなってきた。ほめられることも出て来た。これだけ少ない時間で、これだけできたということはすごいと思う。「利根川」と「ペルシアの市場にて」と、もう一つ表現ができれば最高だった。この「利根川」と「ペルシアの市場にて」をやって、つけた力は、すごく役に立つと思う。そして、この力でいろんなことをし

て、積極的に生きたいと思います。　　　　　　　──S──

　ぼくは「利根川」をやって、こう思いました。ぼくは15、6分であれだけのことを表現できるって、表現ってすごいなと思いました。ぼくは「ペルシアの市場にて」もいいけれど、「利根川」もいいと思いました。「ペルシアの市場にて」は箱石先生に見てもらって良くなったので、「利根川」も見てもらいたかったです。ぼくは、まだ何回もやりたいと思っていたけど、時間がなかったのであきらめました。「利根川」をもっと良くしてからビデオに撮りたかったです。──M──

　ぼくは表現を２つやって、すごくのびたなって思います。なぜだか分からないけど、ぼくがポーズをつけて、先生が「あー、M和ちゃんきれいね」と言ってくれると、やっぱりこのポーズをやって正解だったなと思い、そんなことを繰り返していくうちにどんどんのびたなって思っちゃうのです。２つともやって良かったけど、その中でやっぱりぼくは「ペルシアの市場にて」がとてつもなく良かったです。あれは、自分のなかで、心底演技をしているなって思ったのです。かといって、「利根川」は心底演技をしていなかったかといえば、違うのですが。２つとも、心底演技したけれど、比べたら「ペルシアの市場にて」の方が良かったのです。「ペルシアの市場にて」は十何時間も使って、やっとできたのだから、日本、いや世界で一つしかないものなんだなあー。本当に良かったです。　　　　　　　　　　──M和──

　「ペルシアの市場にて」と「利根川」を比べると、やっぱりペルシアの方がいいなあと思いました。なぜだかよく分からないけど、ペルシアの方は長い時間をかけた、初めての表現だったから好きなのかな

あと思いました。「利根川」で私のやる場面で悲しみなどは表現できたけど、ほとんど先生の言った通りしか考えられずに終わってしまって、少し後悔した部分もちらほらありました。表現は最初ただ体だけ動かしていればいいと思っていましたが、体だけ動かしても見ている相手には伝わらない。もっと頭から、足の指まで大げさだけど表現して、頭の中に景色を浮かべれば、絶対見ている相手にも聞いている相手にも伝わると思いました。私は表現大好きです。素直に表現して、素直な心もつくれたからです。最初は嫌いだったけど、もう今では一番好きになりました。
　　　　　　　　　　　　　　　　　　　　　　　　　——A子——

　私は「利根川」の表現が、結構好きでした。「ペルシアの市場にて」も好きだったけど、「利根川」も好きでした。「ペルシアの市場にて」は表現だけで、「利根川」は歌や朗読も含めてやるからちょっと難しかったなと思います。朗読といっても気持ちを言うところや周りの景色（といっても人間の心も言っている？）を言うところが、人間や草花やいろいろ考えて、曲の変わり目で人間から自然のなかの草花になったりと変化するからちょっと難しかったなあと思います。「ペルシアの市場にて」の方は草花なら草花、人間なら人間となるものが決まっていたから、簡単に思えたけど、やっぱり「利根川」はいいなあと思いました。「ペルシアの市場にて」より難しくて大変だったけど、楽しかったです。
　　　　　　　　　　　　　　　　　　　　　　　　　——Y子——

　今は、表現をやっていて良かったあと思っている。でも前は恥ずかしくていやだった。特に、今回の「利根川」は自分の中のイメージが浮かばなかった。それでつまらなかった。しかし、DくんやSくんに助けられた。「利根川」を少しやる気になったのは、この2人に助け

られたからだった。この2人は一の場面で自分は川原の花になっているという。「すごいなあ」の一言だった。そのときからぼくのがんばりが始まった。「ペルシアの市場にて」より、時間が少なかったのに、今考えると「ペルシアの市場」より自分の中が動いていてはるかに良かったと思う。そのことで自分に満足感があった。ぼくたち4組はもうすぐ卒業だ。卒業というと、うれしいのかわからないが、おろおろしてしまう。その中で作り上げた「利根川」の表現は先生のがんばりより、先生のアドバイスに一生懸命になって応えたぼくたち全員のがんばりだったと、ものすごく思っている。　　　　　　──M雄──

　「ペルシアの市場にて」で初めて表現というのを知った。初めは、表現といってもピンとこなかったけど、やっているうちにだんだんはまってきた。そして、15、6時間くらいの練習の末に完成。「天才だ」と認められたときは本当にうれしかった。
　次にやったこの「利根川」ははっきり言って「ペルシアの市場にて」に比べると大キライだった。でも、いつのまにか、熱中するようになってきた。この2つを通してみんなの動きや顔つきが変わった。そして「何だ、あいつ、あんな動きなんてできたのか」とか、「普段はだらけているくせに、表現では表情が違うな」とか思った。表現をやることで、みんなのことがもっとよく分かることができた。ぼくはこの4組でやった表現をいつまでも自分の中に残したいと思う。
　　　　　　──Y次──

　表現をやって、何といっても恥ずかしさがなくなった。「ペルシアの市場にて」は、物語作りのときは、あまりやるきがしなかった。それに、おどったりするからはずかしかった。だけど、なれてくるとや

る気が出て来て、色々と自分が何になればいいか思いついてくると、はずかしさも全然なくなった。「利根川」は最初からやる気があった。物語作りはないけど、4組得意の歌と表現が合体したやつで、楽しかった。表現をやって、とってもとっても良かったと思う。

——T也——

　「利根川」をやって、最初は私にとってどんなになるかとても不安でした、みんなきれいになっていくのに自分は進歩しない。前、ミッキーの日記に書いてあるのと私の感じていることはほとんどいっしょで、やるたんびにかえていっても自分自身気に入らない。ただ自分の出番で恥ずかしさがなかった。なぜといつも思うが、その答えはよく分からない。クラス39人が、支えてくれるからだろうと思っている。「ペルシアの市場にて」は「利根川」よりとっても簡単だったと思う。「利根川」は一つずーと同じものになっているのではなくて、何個も何回も川になったり花になったり悲しくなったりといっぱい変わるから大変なのです。でも「利根川」は大好きです。　　　　　——K之——

　今回やった「利根川」は前の「ペルシアの市場にて」に比べ、やっぱり難しかった。それは前の「ペルシアの市場にて」だったら、盗賊になるだとか、色々決まっていたんだけど、「利根川」は朗読をよく聞いて、それにあったようなようなものを自分のなかでとっさに考えてやらなければならなかったからです。それでぼくはそういうのが苦手だから、みんなのを見ていると「おれーなんかへんだなあ」と、思ったりすることが多くありました。そして歌を歌うときには歌の声だと普通の「ラ」位から上が出にくくなったり、地声だとド〜ソ位が変な声になったりと歌の方でも結構苦戦しました。でもやれることはや

ったので終わったあとは結構すっきりしたというか、まあそんな感じになりました。そして何時間もかかってやった「利根川」は通すと十何分位しかかからないのだけど、最後にみんなで一斉にとりくんだものとしてとてもやりがいがありました。　　　　　　　　——S——

　ぼくは最初、楽譜を配られたとき、長くていやだなあーと、悪の心を持っていました。そして、家で全部とおして読んでみました。再び長くていやだなあと、またもや悪い心が出ました。初めての練習、2・3時間で最初の方は役が決まり、歌の練習。何度も繰り返して、だいぶ整ってきました。あるときまで、ぼくはイヤイヤだったけど、DくんとSくんを見て感動しました。何という美しさ、柔らかさ、楽しさ——そして利根川が好きになりました。ぼくは最後の方の朗読役でした。

　　利根川とともに、人は長く生きてきた
　　利根川とともに、人は今も生きている
　　これからも何百年、何千年と——

というのです。ぼくは家で練習し、ついにできました。「利根川」は忘れられないです。　　　　　　　　　　　　　　　——M明——

　私は「ペルシアの市場にて」を初めてやったときは、表現って、ただ音楽に合わせて踊っていればいいんだなと思っていました。でも、それが何回もやっているうちに、みんなのいいところがみんなの表現にでてきて、やっているうちに、その音楽の中に入って、喜んだり、悲しんだりして、とってもいい気分でやれたのがとっても良かったたです。そして、「ペルシアの市場にて」が、終わりました。それから次に「利根川」をやりました。「利根川」は「ペルシアの市場にて」

と違って、自分の考えていることが、なかなか表現できなくて、今自分は何になっているのかが出なくって難しかったです。でもこの「利根川」でもみんなのいいところが出て、みんな一人ひとりがとってもきれいなのがすごく分かるから、表現っておもしろいなと思いました。もっともっとみんなでやりたかったです。　　　　　　──Ｙ子──

　表現はとても難しいものだと思う。初め表現をやると聞いたとき、すごくやりたいと思った。自分が伸びることはやりたいって思ったからだ。自分たちで構成をつくっていく「ペルシアの市場にて」は初めのうちはなかなかのらなくて、表現やらない方が伸びるんじゃないかなんて思ったこともあったけど、自分たちで創ったり考えたりするうちに、そんな思いを超えるほど「ペルシアの市場にて」が好きになっていた。私は幸せに、楽器をひいている女神のような役でとても難しくて悩んだ。つまさきから歩く歩き方も、みんなに幸せをふりまく指先も何もかもが難しかったけど、自分は今何かになっているんだって本当に思い込んで、自分ではない自分に変わることはとても楽しかった。そういう思いから、もっと他の題材の表現も４組でつくってみたいと思いました。そこに先生が持ちかけてくれたのは「利根川」でした。「利根川」はもう形になっているものだったし、他の学校にもこの表現をやったクラスがあるということを聞いたので、何か初めの感じはとても悪かった。「利根川」は総合表現だから、歌も入っているのでもっと何か感じるんじゃないかと思った。ＤくんやＳくんが表現をやるときは光っていると思う。自分が人間だけど、その喜怒哀楽を表したり、花になったり、河原の石になったり、草になったり、すごい難しいことをやってのけるなんて全くすごいです。私はそれができなかったように思います。もう一度表現をやりたいような悔いが残ってい

ます。
　　　　　　　　　　　　　　　　　　　　　　　　——K子——

　みんなで仲良く、遊んでしゃべって楽しんでいる4組、表現の時間
になると、まるで別人のように、雰囲気が変わる。みんなが一斉に集
中する。その時間の中にとけ込んでいるとき、自分を感じる。一人ひ
とりを感じる。表現は、どんどん自分で想像して、自分の中にストー
リーを創っていく。だから、みんなが一つのことに集中し、真剣にな
り、本当の美しさが見えてくる。
　前にやった「ペルシアの市場にて」より、私は「利根川」の方が好きだ。
どうしてかは、具体的には言えないけど、「利根川」には「心」を感じる。
「利根川」は「ペルシアの市場にて」とは違い、朗読、歌がある。自
分の表現している姿の他にも、朗読や歌に「心」を入れる、というか、「気
持ち」を入れないと、ただ読んでいる、ただ歌っているくらいしか感
じない。友達の歌っているところを、自分が表現しながら聞いている
と、途中でスーと背筋を通っていく何かを感じ、そのあとすぐに背中
がゾクゾクッとする。それを感じて聞いていると勝手に自分のなかで
ポーズがわいてきてしまい、そのポーズ自然にしてしまう。「利根川」
の表現をしていると、みんながもうすぐ卒業してしまうんだなんてこ
とも忘れてしまい、ずっとこのままでもいいのになっとか思ってしま
う。
　　　　　　　　　　　　　　　　　　　　　　　　——Aき——

おわりに

　こうして38人の天才たちと私の2年間は終わりました。中学校に進
んだ彼らが時々遊びに来て、いろいろ話していく中に、またまたびっく
りするようなことがありました。
　一つは卒業式後の学級の時間でのことです。私が4組の教室に入って

行くと、数々のクラッカーがパンパンと放たれました。それと同時に女の子が出て来て、模造紙にきれいに書かれた表彰状を読み上げ、手渡してくれました。それが終わると、男の子と女の子が出て来て、きれいなチューリップの花束と白くて清楚な鉢植えを手渡されました。そして、みんなの作文を綴った手作り文集が渡されました。私の予想しなかった展開でした。式後、保護者の方々に花束をいただいていましたし、最後の保護者会に親子で綴った文集とアルバムをいただいていましたから……そして、「これから、先生の時間です」というように、皆、席に着き私の方を見つめました。"あゆみ"を渡しながら、一言ずつかけて、前記の学級だより「空」最終号を読むと、もう時間がなくなっていました。そして、4組の全員が目を真っ赤にして、校門を出て行きました。それが、遊びに来た子たちによると、もっと時間があったら「ゆずり葉の歌」を歌いたかったよ、伴奏者も決めてあったんだよ、と言うのです。「そうか、そうだったのか。いつそんなこと決めたの？」と聞くと、「先生が一日休んだ日があったでしょ、2回。あのとき決めたんだよ」って言うのです。クラスの最後の時間の流れを子どもたちで決めていたなんて、私はびっくりしました。

　また、こういうことも言うのです。「先生、中学校の音楽の先生はホップ・ステップってことを言わないから、歌いにくいんだよ」「ホップ・ステップって大切なことなのにどうして言わないのかねえ」と言うのです。子どもたちの口からこんなことが出て来るなんて私はびっくりさせられました。

　本当に何度も同じことを書いてしまいますが、子どもってすごいです。この子たちのおかげで、教師としてでなく人間として子どもたちの前に立てるようになったように思います。

おわりに

　40年以上も前のこと。教育のことを何も知らずに小学校の音楽専科教員として勤め出したその年の秋のことです。校舎の4階の東の端にある音楽室の事務机の上にポツンと1冊の本が置いてありました。その本は斎藤喜博編の『教師が教師となるとき』（国土社）でした。

　その頃の私が新任として勤め出した職場は、先生同士が熱く勉強し合っていました。生活指導について学んでいる先輩教師、作文について学んでいる先輩教師、社会科について算数について理科についてと、とにかく多くの先輩教師が夏休みなどに学びに出かけて行って、そこで学んだことを報告したり、これからの授業のことを熱く語ったりする会を、放課後有志が集まって開いていました。私も誘われるままにその集まりに参加して話を伺いました。

　そんなときにその本『教師が教師となるとき』が置いてありました。誰かが置いてくれたのだろう、と呑気に思いながら読み始めました。途端に本に引き込まれました。そこに書かれている島小学校の先生方の文章に、学生時代にピアノを師事していた筧潤二先生と同じ空気を感じたからです。

　ピアノを演奏するためには指を動かして技術練習するのと並行して、その曲に関係する様々な文献にあたったり、沢山のピアニストの演奏を聴いたり等して、楽譜に書かれていることを深く読み、解釈することが一番大切なんだと、レッスンの度にいろいろなお話を通して聞いていました。本物を求めて、真実を求めて、自分を拓いていくこと……その曲

を演奏するに足る人間になることと筧先生は話してくださっているのだなと受け取り、そういう生き方にあこがれました。指を動かすことばかりで、こういうことを少しも考えずにピアノのレッスンをしていた私にとって、目から鱗の筧先生との出会いでした。そのときと同じような心の震えが『教師が教師となるとき』にはありました。そしてこれが斎藤喜博先生との出会いでした。

　その後、夫・利明とともに、全国各地の小、中学校等で開かれていた公開研究会を見に行ったり、教授学研究の会の夏・冬の合宿研究会に参加したり、瑞穂第三小学校の公開研究会を見たり、多摩第二土曜の会、所沢の会で学んだりすることになりました。

　その公開研究会で見聞きした子どもたちは、私の知っていた子どもたちと全く違いました。存在感のある心の奥まで響いてくる歌声、立ち姿、表現しているときの豊かさ深さ美しさを湛えた顔・手足・全身、大人の自分が貧弱に思えてしまうほど圧倒されました。研究会で見たり聞いたり、そして多摩第二土曜の会の仲間の実践に触れたりする中で、「こういう授業をできるようになりたい」「こういう絵を描かせたい」「こういう合唱をつくりたい」「この技に挑戦させたい」とあこがれが膨らみました。多摩第二土曜の会での仲間の実践への熱い思いに勇気をもらい、厳しいけれど温かい箱石泰和先生、小林重章先生の指導に奮い立つ、そんな現役生活でした。

　教師が教材を深く豊かに解釈して、子どもたちとともに授業で追求したとき、子どもたちの見せてくれる姿は本当に美しく強く豊かで温かいものです。子どもたちに対する絶対信頼のような気持ちがわいてきます。そして私がやっとの思いで解釈したものを、いとも簡単に乗り越えてしまって、「先生、次は何を追求するの」と言わんばかりに次々と新しい追求を子どもたちは求めてくるのです。その積み重ねが38年間の教師

現役生活でした。

　こういう教師生活を続けられたのは長きにわたり多摩第二土曜の会で
ご指導いただいた箱石泰和先生、小林重章先生のおかげです。心から感
謝いたします。また、多摩第二土曜の会、名古屋教授学研究の会、札幌
教授学研究の会の人たちの存在も私にとってとても大きなものでした。

　現在も第二期実技等研究会で若い仲間たちと共に学び合っています。
学び合える仲間、率直に意見や感想を言い合える仲間、素晴らしい宝だ
と思います。一緒に学び合えること、大切にしたいと思います。

2021 年 4 月

〈著者紹介〉

加藤裕子（かとう　ひろこ）

埼玉県さいたま市（旧大宮市）に生まれる

日本大学芸術学部音楽科卒業

1977年から公立小学校教員として38年勤務

現在、「第二期実技等研究会」に所属

メールアドレス：zul01675@nifty.com

子どもが動き出す授業を求めて

2021年5月20日　初版第一刷発行

著　者　加　藤　裕　子

発行者　斎　藤　草　子

発行所　一　莖　書　房

〒173-0001　東京都板橋区本町37-1
電話 03-3962-1354
FAX 03-3962-4310

印刷・製本／日本ハイコム

ISBN978-4-87074-233-8　C3037